Janwillem van de Wetering

Das Koan

und andere Zen-Geschichten

Rowohlt

rororo transformation
Herausgegeben von Bernd Jost

Für
Sibylle Becker-Grüll

Originalausgabe
Veröffentlicht im Rowohlt Taschenbuch Verlag GmbH,
Reinbek bei Hamburg, November 1996
Copyright © 1996 by Janwillem van de Wetering
Copyright © 1996 der deutschen Ausgabe
by Rowohlt Taschenbuch Verlag GmbH,
Reinbek bei Hamburg
Umschlaggestaltung: Walter Hellmann
Quellenverzeichnis der einzelnen Geschichten
am Ende des Buches
Gesamtherstellung Clausen & Bosse, Leck
Printed in Germany
1490-ISBN 3 499 60270 9

Inhalt

Eine Art Vorwort zu der
ersten Geschichte «Das Donnerloch»

Vielleicht sind Sie ja überrascht, wenn Sie diese Beschreibung als den ersten Schritt auf einer spirituellen Suche, einer Suche nach einem überzeugenden Sinn lesen.

In dieser Geschichte wird Zen nicht erwähnt, noch nicht einmal das Wort Buddhismus. Was macht also ein Philosophiestudent, der sich im Konflikt mit Autorität, Moral, Dualismus befindet, in einer Sammlung von «Zen-Geschichten»?

Na ja, das «Ich» muß irgendwo anfangen, wenn es sich daranmacht herauszufinden, «was hier eigentlich abläuft».

Da das «Ich» aus dem Westen stammt, beginnt es seine *sadhana*, seine Übung, indem es Bücher über abendländische Philosophie liest. Und dieser erste Schritt liefert Ergebnisse. Dem suchenden Selbst gelingt es, einen Teil von sich zu verlieren. Man befreit sich ein wenig von Schmerz und Sorgen, wenn man sich mit den philosophischen Negationen von Hume auseinandersetzt, sich mit der existentialistischen Verkündigung der Absurdität beschäftigt, wie sie von Sartre formuliert wurde («nous sommes condamnés à la liberté» – Wir sind zur Freiheit verdammt), und ganz besonders, wenn man über Nietzsches brillante, überreligiöse Proklamation der Amoral nachdenkt.

Das Selbst kann nun den Wert des begrenzten Positivismus des westlichen Denkens in Frage stellen, der fast durch die begrenzte Negativität von noch mehr westlichem Denken neutralisiert wird.

Dabei bleibt die große Frage bestehen, die «harte Nuß», die in einem zeitlosen Moment knacken zu können der Zen-Buddhismus behauptet. Die Frage ist: «Was geht auf diesem Planeten, in diesem menschlichen Leben eigentlich vor? Lohnt es sich überhaupt, ein menschliches Leben zu leben?» Der junge Mann in «Donnerloch» ist bereit, als er in den Zug nach London steigt, nachdem er mit den Dämonen der Dualität gekämpft hat, neue Methoden auszuprobieren. Auf der Universität erwähnt der Professor für analytische Philosophie, Sir Alfred Jules Ayer, «den buddhistischen Pfad der absoluten Negation». Der nächste Schritt auf seiner Suche wird unseren Helden nach Japan bringen. Er lebt dort in verschiedenen Verkleidungen, während die «himmlischen Kräfte» sich verschwören, ihn «über die Grenzlinie» zu schubsen, nachdem sie ihm die Illusion der Barriere der Dualität, von «Ja» und «Nein», von «Gut» und «Böse» gezeigt haben.

Was für Verkleidungen? In «Schweigen ist eine gute Antwort» und in «Schuld und Sühne im zeitlosen Japan» trägt er die Maske eines alkoholabhängigen Beatniks, in «Der neue Schüler» tut er so, als wäre er der dumme Sklave eines freien Geistes, in «Tempelbesuch in Japan» handelt er wie ein selbstbezogener «gai-jin» (Außenseiter, Ausländer), in «Die Akte Segelohr» gibt er sich als talentierter, aber kurzsichtiger Künstler.

Das Ende dieser «Zen»-Geschichten ist nicht immer glücklich, aber egal. Wie mein Zenlehrer in Japan, Oda-roshi, immer sagte: «Es gibt immer nur kleine Enden, niemals ein großes Ende.» In den kleinen Enden erfahren wir nur das Ablegen von Masken. Das wahre glückliche Ende, so sagte Hakuin, ist dann, wenn das wahre Selbst hinter den Masken hervortritt, «und was passiert dann?»

Alle diese Geschichten sind bereits veröffentlicht worden. Weitere «Inspektor Saito»-Geschichten enthält der Band «Inspektor Saitos kleine Erleuchtung» (rororo 2766). Das Hörspiel «Das Koan» habe ich auf die freundliche Aufforderung von Sibylle Becker-Grüll für den Norddeutschen Rundfunk geschrieben. Götz Naleppa hat es produziert. Die Uraufführung fand vor Publikum in Hamburg im Abaton-Kino statt.

Surry, Maine, USA   *Dezember 1995*

Tempelleben (Kyoto, Japan: 1958)

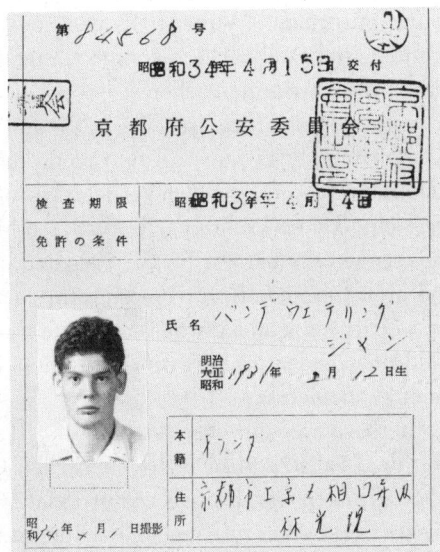

Führerschein (Kyoto, Japan: 1958)

Das Donnerloch

*S*üdengland, 1956.

Ich war damals ein junger Mann und lebte vorübergehend in St. Yves, Cornwall, einem malerischen Küstenstädtchen, das schon immer Künstler, Schriftsteller und philosophische Geister angezogen hat. Da ich mich zu letzteren zählte, hatte ich mir – auf Anraten meines Londoner Professors – die Lektüre von etwa dreißig Titeln der verschiedenen Vordenker unserer westlichen Gedankenwelt auferlegt und «las» also Philosophie. Daß ich mir Cornwall ausgesucht hatte, lag daran, daß das Wetter dort besser ist als anderswo auf der Insel, nämlich relativ sonnig und mit milden Wintern. Es gibt sogar eine Art Cornwall-Palme. Und Weihnachten konnte ich tatsächlich im Hafen von St. Yves schwimmen gehen.

Was mir nicht sofort auffiel, war, daß ich – außer daß ich mich eifrig meinen Studien widmete – zum Werkzeug in einem hier tobenden Kampf internationaler Vendetta wurde.

Ich mietete eine kleine Wohnung. Da Gail, so hieß meine mütterliche Vermieterin (sie war für St. Yves und Umgebung die weit und breit führende Kräuterspezialistin), sich Gedanken machte, weil ich «von anderswo» war, sorgte sie dafür, daß ich schon bald einen anderen auch «vom Kontinent» stammenden Bewohner kennenlernte.

Herbert Auerbach war ein ehemaliger Luftwaffenschütze, der 1942 mit dem Fallschirm über der englischen Grafschaft Cornwall abgesprungen war. Damals war er 18 Jahre alt gewesen und ein enthusiastischer Anhänger eines vereinten Europa, in dem alles besser sein würde. Da die Engländer diese Meinung aber nicht teilten, verließ Herbert den von einem Sturmkampfflieger manövrierunfähig gemachten Dornierbomber durch die Hintertür. Leider verhedderte sich der idealistische Krieger bei der Landung mit einem Fuß in den Leinen seines Fallschirms, so daß er so lange mit dem Kopf auf einem Acker aufschlagen mußte, bis ein herbeigeeilter Farmer dafür sorgte, daß er befreit wurde. Anstatt sich bei seinem Retter zu bedanken, schmetterte Herbert aber bloß «Heil Hitler».

«Der Junge hat den Verstand verloren», erklärte der Farmer den älteren Herren von der Home Guard, die ihn abholten. Als der Gefangene immer noch «Heil Hitler» brüllte, brachte man ihn in ein Lager für feindliche Verrückte. Dort bestätigte ihm eine dicke Psychiaterin zeitweise Verwirrtheit, ausgelöst unter anderem durch eine Kriegsneurose. «Damit hatte sie vollkommen recht», meinte Herbert zu mir. «Dadurch, daß ich mit dem Kopf nach unten über diesen Acker geschleift wurde, hat sich wahrscheinlich eine bereits vorhandene schizoide Veranlagung verstärkt.» Die Psychiaterin empfahl zur Therapie künstlerische Betätigung und sorgte dafür, daß Herbert mit genügend Sperrholz, Farbresten und einem Satz gebrauchter Pinsel ausgestattet wurde. Daraufhin hörte der Gefangene auf, «Heil Hitler» zu rufen, und malte vorübergehend brennende Felder. Später ging er zur Darstellung von nackten, der Psychiaterin nachempfundenen Frauen über. Nach Kriegsende beschloß er, in Cornwall zu bleiben, wo er sich innerhalb der nächsten fünfzehn Jahre allmählich einen Namen als begabter Neoexpressionist erwerben sollte. Zu dem Zeitpunkt, als ich ihn kennenlernte, war er gerade in seiner «Küste-und-Ei-Periode», in der er eine große Leinwand nach der anderen mit Gelb auf Weiß vor grünblauem Hintergrund bemalte. Ich hielt ihn für gut. Und es erfüllte mich mit Energie, wenn ich in seinem großen Atelier im Küstenstädtchen Zennor herumgehen konnte. Seit einiger Zeit fanden seine Werke Käufer, und über kurz oder lang würde man sie überall in England und in ganz Europa in den wichtigen Galerien sehen können.

Herbert schien Zuneigung für mich zu verspüren. Zu jener Zeit waren er und eine junge Schweizerin namens Gretel die einzigen Ausländer in der Gegend. Gretel hatte eine Schwester – Hänsel mit Spitznamen, in Wirklichkeit hieß sie Annie –, die vor kurzem spurlos verschwunden war. Sie war immer gern über die schlüpfrigen Felsen gelaufen, und nun rätselte man, ob sie möglicherweise eines Tages dabei ausgerutscht, gestürzt und dann von der tückischen Strömung fortgeschwemmt worden war.

Wie ich erfuhr, waren Hänsel und Gretel – beide hübsch, blond und blauäugig – Kunststudentinnen aus Zürich, die in den Werkstätten von St. Yves Holzschnittechnik lernen wollten. Sie waren für ein Jahr hierhergekommen, und als ich auftauchte, hatte Gretel immer noch ein paar Monate vor sich. Wenn ich meiner Wirtin Gail, einer fröhlichen Witwe um die Sechzig, die überall als Gesundbeterin bekannt war, Glauben schenken durfte, hatte Hänsel es ziemlich wüst getrieben. Allerdings, so erklärte Herbert zu meiner Information – wobei er die Augen ein wenig zusammenkniff, als wolle er mich vor sowieso sinnloser Anstrengung warnen –, hielten es beide wohl vorwiegend «mit reiferen Männern».

Herbert war 35, glatzköpfig und ziemlich schwergewichtig. Ich war 24. Ich turnte gern. Wenn ich in der Gegend herumlief, war ich ständig auf der Suche nach irgendwelchen Hindernissen und Barrieren, an denen ich mich austoben konnte. Mir war zwar klar, daß meine plötzlichen Sprünge und Purzelbäume dazu angetan waren, die Leute aus der Fassung zu bringen, fand es aber dennoch reichlich schwer, darauf zu verzichten.

Mit Herbert und Gretel traf ich mich oft in einer Kneipe namens *The Dinghy*, wo wir an einem Ecktisch saßen und Deutsch miteinander redeten. Ich hatte das Gefühl, daß wir Freunde waren.

Wenn ich eine Weile nichts mit den von Kant, Husserl oder

Schopenhauer (Lieblingsphilosophen meines Londoner Professors) vorgegebenen Denkstrukturen zu tun haben wollte, suchte ich Trost bei Nietzsche. Zur besseren Verarbeitung der Bedeutung der Tatsache, daß es keine Bedeutung gibt, hatte ich mir angewöhnt, wann immer mir danach zumute war, durch die engen Gassen und Straßen von St. Yves zu streifen (das in seinen Ursprüngen bis in die Zeiten mittelalterlichen Piratenwesens zurückgeht). Eines sehr frühen Morgens, als ich unter dem schauerlichen Geschrei der den heraufsteigenden Tag begrüßenden Möwen bei zischend und krachend gegen die Kaimauern schlagender Brandung dem Widerhall meiner Schritte auf dem noch taufeuchten Kopfsteinpflaster lauschte, brachte mich Nietzsches Idee einer völligen Leere so vollkommen außer Rand und Band, daß ich in meiner Begeisterung über die Umzäunung eines Sportplatzes kletterte, auf einer Parkbank einen Handstand machte und mich am Sperrbalken zwischen den beiden Begrenzungspfosten zum Hafen hin zu einer Aufschwungrolle hochzog. Da Constable Bob meine Vorstellung, die ich mit Singen und Pfeifen begleitete, beobachtete, wollte er mich mit auf die Wache nehmen, wo ich mich wegen «öffentlicher Ruhestörung» verantworten sollte.

Constable Bob war ein langaufgeschossener Mann mit untadliger dunkler Uniform und einem spitzen, tuchüberzogenen «Bobby»-Helm auf dem Kopf. Ganz im Sinne englischen Understatements trug er keine Waffen, noch nicht einmal einen Stock. Dennoch verfügte er über enorme Autorität.

Ich steckte in einem abgerissenen Dufflecoat, hatte einen Dreitagebart, zu langes Haar und sprach mit ausländischem Akzent. Das Inbild makelloser Macht – das mir freundlich einen Guten Morgen wünschte – kam mir als Publikum gerade recht. Ich zog meinen Nietzsche-Sammelband aus der Tasche, klopfte voller Begeisterung mit den Fingern auf den Einband und erklärte meinem Zuhörer aufgeregt, es gäbe keinen Beweis dafür, daß das Universum an sich Bedeutung haben oder nicht haben sollte. Weswegen auch sämtliche sogenannten Werte, die wir in unsere Existenz hineinlegten, relativ und willkürlich und überhaupt ohne Sinn und Zweck seien, woraus folge, daß eben diese von uns selbst ernannten Werte und Wertvorstellungen allerhöchstens ein Ausdruck unserer momentanen Verfassung seien und allenfalls unseren verzweifelten Versuchen, uns wichtig zu machen, entsprängen. Dann fragte ich ihn mit erhobener Stimme: «Und wenn es nicht einmal ein Ich gibt?» Mit dem Finger deutete ich auf seine glänzenden Uniformknöpfe. «Wäre das nicht eine ungeheure Erleichterung?» Ich steckte das Buch wieder zurück in die Tasche und klatschte in die Hände. «Kein Ich, das sich abmühen muß, sich selbst treu zu bleiben? Endlich keine Zwänge mehr?»

Constable Bob sagte leise: «Ihren Ausweis, bitte.»

Nun hatte ich zwar eine Aufenthaltsgenehmigung, aber sie lag irgendwo zwischen meinen Büchern zu Hause in meiner Wohnung in der Virgin Street.

Also geleitete er mich zur Hauptwache, wo ich in einer Zelle warten sollte, bis ihm die Einwanderungsbehörde in Southampton die Richtigkeit meiner Angaben bestätigte. Per Post traf, zwei Tage später, die Kopie meiner Aufenthaltserlaubnis ein.

Als Constable Bob mir heiße Schokolade servierte, machte ich noch einmal einen Versuch, ihm zu vermitteln, welches Gefühl der Freude man erlebte, wenn man begriffen hatte, daß es «keine Bedeutung und kein Ziel» gab.

«Mein selbsternanntes Ziel ist es», antwortete er, «Sie festzunehmen und in Sicherheitsverwahrung zu halten, weil Sie kein Ziel haben.»

Nichtsdestotrotz gab es dieser Auffassung widerstreitende und – da in der englischen Verfassung verankert – vorrangige Wertvorstellungen, denen zufolge er mich laufenlassen mußte.

«Widerwillig», wie er mir sehr undurchsichtig zu erkennen gab.

Zur Feier meiner neugewonnenen Freiheit kaufte ich mir ein gebrauchtes Motorrad.

Ein paar Wochen später erklärte sich die blonde Gretel mit den blauen Augen bereit, mit mir einen Ausflug ins Hochmoor zu machen, in dieses sumpfige Hinterland mit den gelb blühenden niedrigen Büschen, wie sie fast überall an der Küste Cornwalls wachsen. Constable Bob brachte uns mit seinem Winken erst einmal zum Stehen.

«Ihre Papiere, bitte.»

Mein Führerschein galt hier eigentlich nicht – wenn ich nur als Tourist hierhergekommen wäre, wäre das anders gewesen –, doch Constable Bob schien für dieses Mal damit zufrieden. Er händigte mir nur eine schriftliche Verwarnung aus. Eine Woche später flatterte mir eine Einladung ins Haus, die mir gebot, ihn auf der Wache aufzusuchen.

Zum angegebenen Zeitpunkt war ich da.

«Machen Sie den englischen Führerschein?»

Ich zeigte ihm die Bestätigung, daß ich die entsprechenden Prüfungen bereits abgelegt hatte und mir das Dokument demnächst zugestellt würde.

Constable Bob schien enttäuscht. Doch sofort hellte sich seine Miene wieder auf. «Wie uns gemeldet wurde, haben Sie sich in Land's End im Lobster Pot als Tellerwäscher betätigt. In Ihrer Aufenthaltsgenehmigung ist aber ausdrücklich vermerkt, daß sie nur zum Zwecke eines Studiums ausgestellt wurde und keine Arbeitserlaubnis darstellt.»

«Ist das sehr schlimm?» fragte ich.

«Alle Werte und Wertvorstellungen sind relativ und willkürlich», antwortete er. «Es gibt kein ‹schlimm› oder ‹nicht schlimm› – oder irre ich mich etwa?»

Ich war noch mit der Prüfung dieses Angebots beschäftigt, als er schon fortfuhr: «Sie stimmen mir wohl darin zu, daß ich meine Ziele selbst bestimmen kann, und zwar auch für die, die sich im Bereich meiner Rechtsprechung befinden?» Er sah mich stirnrunzelnd an. «Ich meine damit Ziele von Leuten wie Sie, mein lieber Herr. Und da Sie sich hier in meinem Gewahrsam befinden, bestimme ich jetzt, daß Sie einen sehr zielgerichteten Besuch machen. Wie Ihnen vielleicht bekannt ist, wohnt hier im Nachbarort, in Zennor, der Commander. Soweit ich weiß, kennen Sie ihn. Sie gehen jetzt hin und melden sich bei ihm, und hinterher erstatten Sie mir genauestens Bericht. Für den Fall, daß Sie Ihr Ziel erreichen, entscheiden die Queen und ich möglicherweise, Sie mit einer schriftlichen Verwarnung davonkommen zu lassen – in der Zwischenzeit aber bleibt die Androhung Ihrer Ausweisung unverändert bestehen.»

Ich wußte, daß der Commander ein ehemaliger Marineoffizier war, der jetzt von Privateinkünften lebte. Er war ein gepflegter, bärtiger Herr, dessen Abbild gut und gerne – genau wie das irgendwelcher europäischer Adliger – Briefmarken hätte zieren können. Er trank gern und war häufiger Gast im *The Dinghy*.

Bevor ich mich entschloß, ihn aufzusuchen, schaute ich bei Herbert in seinem Atelier in Zennor vorbei und erzählte ihm von Constable Bobs mysteriöser Anordnung. Immerhin kannte Herbert den Commander, der ziemlich in seiner Nähe an der Küste wohnte, und konnte mir vielleicht sagen, was das Ganze sollte.

Aber er sagte bloß: «Du bist doch Philosoph», und griff nach einem Pinsel, während er den Blick offensichtlich nicht von einem soeben gerahmten Stück frischer Leinwand abwenden konnte, «du wirst das schon allein herausfinden.»

Gretel traf ich beim Einkaufen in einem Lebensmittelgeschäft. Ich fragte sie, ob sie sich einen Reim darauf machen könne, warum Herbert mich so kurz abgefertigt hatte. «Er ist eifersüchtig», sagte sie. «Seitdem wir miteinander Motorrad fahren, glaubt er, daß wir auch miteinander schlafen. Er hält mich wohl für sein Eigentum. Dabei habe ich ihn höchstens ein- oder zweimal verführt.»

«Ich würde gern mit dir schlafen», erwiderte ich.

Sie lächelte. «Wie altmodisch von dir, es so direkt zu sagen.»

Als ich ihr von Constable Bob erzählte, lächelte Gretel von neuem. «Erst besuchst du den Commander. Dann kannst du dir deine Belohnung abholen kommen.»

«Aber wieso soll ich diesen Commander denn aufs Korn nehmen?»

«Du studierst doch, weil du von Berufs wegen denken willst», antwortete sie, «also versuch auch, allein dahinterzukommen.»

Damit nahm sie ihre Einkaufstaschen und entschwand.

Es war mir wirklich schleierhaft, warum meine ausländischen Freunde nicht bereit waren, mir in diesem feindlichen Land Rückendeckung zu geben.

Ich verließ den Laden in der Hoffnung, Gretel möglichst bald in den engen Gassen von St. Yves wieder über den Weg zu laufen. Die Art, wie sie mich angelächelt hatte, weckte in mir den Wunsch, sie in den Arm zu nehmen, ihre vollen, feucht schimmernden Lippen zu küssen und ihren üppigen Körper bebend an meinem zu fühlen. Ich wollte sie auf meiner schweren Maschine mit hinaus ins Hochmoor nehmen und sie zwischen glühendem Ginster und Farnkraut lieben. Der Tag war wie geschaffen für einen Ausflug. Später könnten wir uns im Inn von Land's End Tee und Muffins bestellen, uns dann noch einmal zwischen die duftenden Sträucher zurückziehen und zum Schluß in meinem Zimmer mit dem Blick auf den Hafen von St. Yves Steaks und Zwiebeln essen.

Aber keine Gretel weit und breit.

Dafür traf ich Gail, meine Vermieterin, die mit einem Korb voller Kräuter soeben aus dem Moor zurückkam. Ich fragte sie nach dem Commander. Gail lud mich zu sich zum Mittagessen ein und erzählte mir von Marilyn. Marilyn war, wie sie sagte, eine attraktive, gutgebaute junge Frau aus London, die einen großen, ziemlich scharfen Hund hatte und zuerst im *The*

Dinghy als Kellnerin arbeitete. Dann kam der Commander und schlug ihr vor, mit Mutt, dem Hund, zu ihm nach Rose Cottage zu ziehen. «Als Haushälterin oder so», sagte Gail, wobei sie heftig blinzelte und den Kopf hin und her wiegte, daß ihr grauer Pferdeschwanz ebenfalls in Bewegung kam und von einer Seite zur anderen schwang. Marilyn kündigte im *The Dinghy*. Man sah sie dann noch eine Zeitlang immer mal wieder, wenn sie mit dem Bus oder dem kleinen Austin des Commanders in die Stadt kam, um Einkäufe zu machen oder ihren riesigen undefinierbaren Hund spazierenzuführen. Aber dann wurden weder Marilyn noch der Hund jemals wieder gesehen. Auf Constable Bobs Nachfragen erklärte der Commander, es habe Ärger gegeben, und daraufhin habe diese nichtsnutzige Frau mit ihrem unbeholfenen Riesenköter das Weite gesucht. Soviel er wisse, sei sie zurück nach London gegangen.

Am nächsten Morgen wurde ich wieder von Constable Bob angehalten.

«Darf ich Sie darauf aufmerksam machen, daß Sie gegen die Bestimmungen Ihrer Aufenthaltserlaubnis verstoßen und daß ich Sie deswegen festnehmen könnte», sagte er leise, «und daß ich Sie bis zu Ihrer Abschiebung in einer Arrestzelle hierbehalten könnte? Oder waren Sie schon beim Commander in Rose Cottage?»

Ich wollte zwar das Land verlassen, aber noch hatte ich mich nicht durch meine dreißig Philosophenbücher gewühlt, und außerdem hatte ich auch vor, in London noch etwas am Unterricht teilzunehmen, deshalb setzte ich mich auf mein Motorrad und freute mich über die Landschaft, als ich zu dem hübschen Cottage des Commanders hinausfuhr.

Es bestand kein Grund zur Nervosität. Der Commander und ich hatten schon ein paarmal miteinander geredet. Im *The Dinghy*, wenn er ein paar Bierchen intus hatte, pflegte er Publikum um sich zu sammeln, und ich gehörte zu denen, die ihm gern zuhörten. Seine Lieblingsgeschichte ging so: An einem nebligen Morgen gegen Ende des Zweiten Weltkriegs hatte er – als kleiner Leutnant damals noch – ein vor der französischen Küste liegendes Torpedo-Boot zu befehligen. Das Boot war auf der Suche nach deutschen Frachtern, die es sich lohnte zu zerstören, traf jedoch statt dessen auf zwei deutsche Raumboote. Raumboote waren schwerbewaffnete hölzerne Kriegsmarineschiffe. Der Leutnant war sich klar darüber, daß er mit seinem Torpedo den größeren und schnelleren deutschen Schiffen nicht gewachsen war.

«Intelligenz», sagte der Commander laut, nachdem er das nächste Bier ausgetrunken und ein neues bestellt hatte, «zeichnet sich dadurch aus, daß sie das Beste aus vorgegebenen Umständen zu machen weiß. Und ich bin intelligent, oder etwa nicht?»

Ich lachte ihn an und prostete ihm zu.

«Eben. Also, wie gesagt, die Sicht war ziemlich schlecht damals. Und als eine besonders dicke Nebelschwade sich wie Entengrütze um die beiden bösen Raumboote und meine Wenigkeit legen wollte, befahl ich meiner Mannschaft volle Kraft voraus und genau in die Mitte zwischen die zwei Nazilumpen. Und dann Feuer, was das Zeug hält. Nach links und nach rechts. Ra-ta-ta-ta-tat. Und als die Krauts merkten, daß sie unter Beschuß lagen, haben sie natürlich zurückgeschossen. Ist doch klar, oder?»

Ich applaudierte.

«Und meine Wenigkeit hat in voller Fahrt die Gefahrenzone verlassen und sich und seine Männer in Sicherheit gebracht, während die Mistkerle sich gegenseitig versenkt haben.» Er schlug sich auf die Schenkel vor Lachen, und ich versicherte ihm, wie beeindruckend ich seine Strategie fand. Das besänftigte ihn etwas, denn in Heraufbeschwörung dieses gloriosen Augenblicks hatte er die Fäuste geschwungen, mit den Füßen gestampft und lauthals gebrüllt und war entsprechend streitlustig geworden. Nun aber, beruhigt durch meine Zustimmung, lud er mich ein, ich solle doch, wann immer ich mich zufällig in der Gegend aufhalte, bei ihm auf einen Schluck vorbeischauen. Und der Barkeeper hinter dem Tresen wurde Zeuge dieser Einladung. Er war, wie ich von Gail erfuhr, ein Bruder von Constable Bob. Und er hatte ihm offensichtlich die Szene erzählt – ich stellte mir die beiden vor, brüderlich vereint, mit hochgelegten Beinen am warmen Ofen sitzend, wie sie ihre Pfeifchen schmauchten, diese beiden mächtigen Männer, und über mich herzogen – über diesen überflüssigen Fremden, den Spielball in ihrem eigenen Kriegsspiel. Tja, und nun hatte also der Commander diesem blöden Holländer gesagt, er könne jederzeit zu ihm nach Rose Cottage kommen. Nicht schlecht – man mußte nur noch ein wenig nachhelfen ...

Da saß ich also auf meiner Norton und fuhr zwischen blühendem Farn durch die Gegend. Aber die Zusammenhänge wollten mir nicht einleuchten. Diese britischen Anzüglichkeiten waren mir zu hoch und würden mir wohl auch immer verschlossen bleiben.

Seufzend vergewisserte ich mich mit einem Blick auf die Landkarte, daß ich mich auf dem richtigen Weg nach Rose Cottage befand, das ungefähr fünf Meilen vor St. Yves an der Küste direkt über einer kleinen Bucht lag.

Der Commander, der im Garten vor dem Haus damit beschäftigt war, Feuerholz kleinzuhacken, begrüßte mich freundlich.

«Gerade richtig für einen Bissen zu Mittag», stellte er fest. «Nett, daß Sie vorbeikommen. Es wird hier manchmal richtig einsam. Schönes Wetter heute, nicht wahr? Was sagen Sie zu meiner Hütte? Altes Bergmannshäuschen ursprünglich, stammt noch aus der Zeit, als es sich lohnte, hier nach Zinn zu graben. Jeder Balken, jeder Stein, jede Kachel ist noch original. Und unbezahlbar, und ich passe hübsch darauf auf, daß alles so bleibt, wie es ist. Kommen Sie ruhig rein, und setzen Sie sich. Einen Schluck Portwein? Salat aus Brunnenkresse? Mögen Sie

Mandeln? Heißes Lammfleisch, kaltes Hühnchen oder beides? Selbstgebackenes Brot dazu oder lieber Pommes? Pommes – ha, Scheißfranzosen, na ja, Sie wissen schon ...»

Es schmeckte hervorragend. Als der Commander uns Bier zu den Lammkoteletts einschenkte, war mir, als hörte ich ganz in der Nähe Donnergrollen. Verwundert sah ich auf. Der Himmel war doch, als ich auf dem Motorrad gesessen hatte, ganz blau gewesen? Und überhaupt: Um diese Jahreszeit donnerte es doch sonst nicht?

Der Commander lachte. «Ist nur die Flut, die zurückkommt», klärte er mich auf, «das Donnerloch, das sich dann immer bemerkbar macht.»

In der Mitte der Bucht, wo die Klippen steil zum Wasser abfielen, umhüllte weißer Sprühnebel die Felsen. Der Commander erläuterte, wie Flut und Strömung die Wellen unter und zwischen den großen Granitblöcken hindurchjagten, so daß sich im Laufe der Zeit ein Tunnel in den Stein gefressen hatte, der genau hinter Rose Cottage an der anderen Seite der Mauer, mit der das Grundstück zum Meer hin abschloß, herauskam. Da das untere Ende des Tunnels bei Flut direkt ins Meer mündete, tosten dann riesige Wassermassen durch ihn empor. «Herrliche Sicht heute», stellte er fest, als wir uns nach dem Essen zu einer Besichtigung dieses «Donnerlochs» aufmachten. Das heißt, er zeigte mir die Steinmauer um den Garten herum. Sie war gut fünf Fuß hoch. An ihrer Außenseite tobten etwa alle vier Minuten die Wellen in die Höhe.

Als wir wieder im Haus waren und im großen Zimmer am Tisch saßen, Gläser mit französischem Cognac vor uns und in der Hand jeder eine kubanische Zigarre, fragte der Commander, ob mir eigentlich klar sei, was er mir soeben gezeigt hätte. Seine Stimme klang aufgekratzt. «Nicht? Dann will ich es Ihnen sagen, mein Lieber. Das da draußen ist nämlich meine eigene private Verbindung zur vierten Dimension.» Er schlug mit der Faust auf den Teakholztisch. «Genau das ist es. Ist nämlich ein wunderbares Tor dort. Ein Ausgang sozusagen, durch den man allen möglichen Müll entsorgen kann. Haha.»

Er füllte unsere Cognacgläser von neuem. Dann erklärte er, daß es zwischen der vierten Dimension und unserer eigenen, der dritten, selbstverständlich jede Menge Verbindungswege gäbe. Einen sehr wichtigen stellten zum Beispiel die Meere dar, die immerhin drei Viertel der Erdoberfläche bedeckten. «Wie ich ja auch an den Raumbooten gezeigt habe.» Er schien nachdenklich: «Die ganze deutsche Marine ist auf diese Weise sozusagen entsorgt worden.» Wieder schlug er mit der Faust auf den Tisch. «Und die japanische auch. Genau deswegen. Kann gar nicht genug davon kaputtmachen, falls Sie verstehen, was ich meine.»

Nicht, daß ich mich besonders für die Privatphilosophie meines Gastgebers interessiert hätte. Aber er fuhr fort. Er erklärte mir, daß man alles, worüber man sich ärgerte oder woran man sich störte (vor allem, wenn es weiblich war und der verachtenswerten, wenn auch verführerischen Seite der Schöpfung angehörte), loswerden konnte, indem man es in die vierte Dimension stürzte. Schiffe zum Beispiel waren, wie allseits bekannt, weiblich. Nun gab es zwar weibliche Wesen, die durchaus nützlich sein konnten, aber die Raumboote gehörten jedenfalls nicht zu dieser Sorte und mußten deshalb verschwinden. Davon abgesehen, konnte man unliebsame Dinge natürlich auch verbrennen. Er zeigte auf den großen gemauerten Kamin – auch eine Möglichkeit, zur vierten Dimension vorzustoßen. Brennbarer Müll? Nichts wie ins Feuer damit. Was sich verbrennen ließ, konnte einen nicht mehr ärgern. Bestimmte Dinge allerdings warf man am besten ins Donnerloch. Ob er erfahren dürfe, wie ich dazu stünde? Er habe doch richtig gehört, daß ich auch Philosoph sei? Ich antwortete, auf den ersten Blick erschiene mir seine Theorie sehr faszinierend, aber um ihren tieferen Gehalt erfassen zu können, müßte ich nach Hause fahren und mich innerhalb meiner Studien noch eingehender mit ihr beschäftigen. Mein Gastgeber lief zu diesem Zeitpunkt erregt hin und her, fuchtelte mit den Armen in der Luft, fluchte auf die deutsche und die «schlitzäugige» Schiff-fahrt sowie auf englische und schweizerische Frauen, die ver-suchten, ihm, wie er sagte, «im Bett die Seele zu klauen», und auf große verhexte Köter, von denen er nachts in die Zehen gebissen wurde. Außerdem sang er ein Lied, in dem von einer Flasche Rum die Rede war und von Jo-ho-ho.

«Sie wissen doch, wie Hündinnen sich vorwärtsbewegen?» fragte er, als ich mich bei ihm für das ausgezeichnete Mittag-essen bedankte. Er ging mit mir in den Garten hinaus und zeigte es mir. Böse weibliche Köter springen einem nämlich an den Hals, und während sie sich in der Luft befinden, hängen ihre Vorderpfoten schlaff herab. Man muß sich dann nur unter sie bücken und die Pfoten packen und festhalten, dann schnellt der Hundekörper im Schwung über einen hinweg, über die Mauer und hinein ins Donnerloch . . .

«Und runter damit», grölte er. Dann wurde er plötzlich ganz ruhig. Er machte einen Schritt auf mich zu, strich mir übers Haar und flüsterte unschuldsvoll: «Ich mag dich, mein Junge, aber man weiß ja nie . . . Sei ehrlich: Du bist doch schwul – oder?»

Auf der Heimfahrt fiel mir ein, daß Gail mir erzählt hatte, der Commander sei ziemlich sportlich. Er schwimme jeden Morgen in seiner Bucht und sei auch längere Zeit Mitglied in einem Fechtverein gewesen, wo man ihn aber wegen seines zu aggressiven Verhaltens ausgeschlossen habe. In meinem mo-mentan etwas verschreckten, zittrigen Zustand wäre ich sicher kein besonders guter Gegner für ihn gewesen.

In der High Street wartete Constable Bob. Er winkte mich heran. Ich stellte den Motor ab, nahm meinen Helm vom Kopf, schob die Brille nach oben und räusperte mich. «Der Comman-der», begann ich. Meine Stimme hörte sich ziemlich krächzend an.

«Nicht hier», sagte Constable Bob leise. «Kommen Sie mit hinüber zur Wache.»

Ich erzählte ihm, was ich erlebt hatte. Als ich fertig war, goß er mir heiße Schokolade ein.

«Beweisen läßt sich aber nichts», sagte ich. «Dieses Donnerloch ... diese wahnsinnige Strömung kann doch sicher, wenn sie in den Felstunnel hinein und wieder aus ihm hinaus wirbelt und tost, einen Körper bis zur Unkenntlichkeit verstümmeln?»

«Keine Ahnung, was Sie meinen», winkte Constable Bob ab.

«Sie könnten sich wenigstens bei mir bedanken», sagte ich. «Ihr Auftrag war reichlich gefährlich. Mich diesem total verrückt herumtobenden Commander als unschuldigen Köder vorzuführen. Der die Leute entsorgt. Hätte ja schließlich auch auf mich losgehen können. Noch etwas ausländisches Fischfutter gefällig ...?»

«Wofür, meinten Sie, soll ich mich bei Ihnen bedanken?» fragte Constable Bob leise.

«Okay», sagte ich. «Vielleicht war es ja auch nicht ganz so gefährlich. Das Risiko, meine ich, war eher gering. Immerhin bin ich weder eine Frau noch eine Tunte. Und außerdem wissen Sie ja, daß ich recht wendig bin, daß ich Klimmzüge und Aufschwünge beherrsche und über Zäune klettere und so weiter. Vielleicht haben Sie sogar damit gerechnet, daß nicht er mich, sondern ich ihn ins Donnerloch hineinbefördere? Nein, Sie haben wirklich keine Ursache, sich bei mir zu bedanken, ganz im Gegenteil – ich bin derjenige, der zu danken hat, daß er an Ihrem Spielchen teilnehmen durfte. Ich danke Ihnen also vielmals. Keine Ursache, ich weiß.» Ich stand auf und schickte mich an zu gehen.

«Mein lieber Herr», sagte Constable Bob leise, «darf ich Sie darauf aufmerksam machen, daß ich derjenige bin, der hier die Entscheidungen trifft? Möglicherweise haben Sie noch nicht alle Auflagen erfüllt?»

«Was denn noch?»

«Was denn noch» war Gretel.

Gretel, die in der Nähe von Zennor wohnte, rief mich an, um mich zum Abendessen einzuladen.

Also machte ich mich auf den Weg zu dem Häuschen, das sie zusammen mit ihrer Schwester Hänsel bewohnt hatte, ein bei einem Heuschober stehendes Nebengebäude von einem noch bewirtschafteten Bauernhof.

Das Abendessen war karg, aber Wein gab es zur Genüge. Als ich zur Sache kommen wollte, reagierte Gretel mit Rückzug: Sie sei unpäßlich, entschuldigte sie sich, und könne deswegen heute ihr Versprechen nicht einlösen. Doch hielt sie mich zurück, als ich mich auf den Heimweg machen wollte. Bei Nacht und Nebel in angetrunkenem Zustand mit einer schweren Maschine die schmalen Sträßchen über Land fahren zu wollen erschien ihr nicht besonders ratsam, noch dazu wo Constable Bob sicher nicht lang auf sich warten lassen würde. Als ich müde auf ihrer Couch lag, sagte sie, sie habe gehört, daß ich den Commander besucht hätte und bei ihm zum Mittagessen gewesen sei. Sie erzählte mir auch von ihrer Schwester Hänsel, die beim Commander gewohnt habe und verschwunden sei. Kann sein, daß ich daraufhin etwas vom Donnerloch sagte und von den Schwierigkeiten, die der Commander mit dem weiblichen Prinzip hatte, und davon, wie er Dinge zu entsorgen pflegte. Ich schlief dann ein. Am nächsten Morgen fühlte Gretel sich besser. Nach einem echten Schweizer Frühstück zeigte sie mir den Heuschober und schlug vor, wir könnten hier doch noch ein wenig «herumspinnen». Müsli und Schmelzkäse schienen ihr Blut in Wallung zu bringen, sie aber gleichzeitig auch labil zu machen. Als ich mich ihr näherte, stieß sie mich weg und rannte fort, blieb dann unvermittelt stehen und drehte sich wieder um, wobei sie vor Zorn heulte und auf mich einschimpfte.

Dabei fiel mir ein, was der Commander mir demonstriert hatte. Sobald Gretel in meiner Reichweite war, packte ich ihre

Handgelenke, setzte ihr einen Fuß in die Magengrube, ließ mich zurückfallen und schwang sie über meinen Kopf nach hinter über mich hinweg. Sie fiel ins Heu, schüttelte sich, raffte sich sofort wieder hoch und versuchte es von neuem.

«Sehr gut», sagte sie dann, nachdem sie noch ein paarmal auf diese Weise gelandet war. «Aber jetzt sei ein Schatz, und laß uns das Ganze umdrehen. Du greifst mich an, okay?» Wir tauschten die Rollen. Anfangs hatte Gretel gewisse Schwierigkeiten, mich über ihren Kopf hinwegzustemmen. Außerdem waren wir beide müde. Ich änderte meine Kampfstrategie. Gretel ging endlich darauf ein. Hinterher dösten wir eine Weile.

«Das war sozusagen eine Vorschußzahlung», sagte sie, als sie mich wieder wach rüttelte. «Los, du Faulpelz, wieder an die Arbeit.»

Nachmittags errichten wir eine fünf Fuß hohe Wand aus Strohballen, hinter der wir uns das Donnerloch vorstellen wollten. Dann übten wir weiter. Ich griff Gretel an. Ihre Bewegungen stimmten jetzt: Sie griff nach meinen Handgelenken, trat mir mit dem Fuß in den Magen, ließ sich auf den Rücken fallen. Ich schwebte fast über die Wand hinüber.

«Jetzt kann ich es», sagte sie. «Danke.»

Dann verschwand der Commander.

Constable Bob betrieb seine Routinenachforschungen. Gretel war draußen bei Rose Cottage gesehen worden, aber sie bestritt, daß es zwischen ihr und dem Commander mehr als ein beiläufiges Gespräch gegeben hatte. Sie meinte sich aber zu erinnern, ihn von einer Reise reden gehört zu haben. War es Chile gewesen, wo er hinwollte? Nein, aber vielleicht Nigeria oder Libyen oder so. Sie wußte es nicht mehr so genau. Constable Bob fragte mich – «bloß für seinen Bericht» –, ob ich den Commander zufällig in der letzten Zeit gesehen hätte.

«Commander Fischfutter?»

Er lachte nicht.

Dann ging Gretels Kurs in Holzschnittechnik zu Ende. Wir waren des öfteren auf meinem Motorrad übers Land zum Picknick an die Küste gefahren. Weitere Annäherungsversuche hatte sie meistens abgeblockt. Ich brachte sie nach Penzance zum Bahnhof. Herbert tauchte nicht auf.

Ich sichtete ihn eines Abends im *The Dinghy*. Er übersah mich geflissentlich, bis ich mich neben ihn an den Tresen stellte. Ich wies ihn darauf hin, daß er keinen Grund hatte, unfreundlich zu mir zu sein. Wenn hier jemand das Recht zu irgendwelchen Bösartigkeiten hätte, sei das ich. Er, Herbert, hätte mich vor dem gefährlichen Spiel von Constable Bob warnen müssen. Er sei doch mein Freund, oder –? Und wieso überhaupt war er eifersüchtig? Hatte Gretel mich nicht genauso benützt wie ihn?

«Reden wir etwa über Werte heute?» fragte er zurück. «Wie steht es denn mit deinem Guru Nietzsche, den du ständig zitierst? Was für ein Mantra hattest du da? Hieß das nicht: Weder hat das Leben einen inneren Wert, noch mangelt er ihm. Alle ‹Werte›, die wir unserer Existenz zumessen, sind völlig relativ und von absolut keinem Nutzen, so daß unsere selbsternannten Werte allerhöchstens als Zeichen für unsere eigene Verfassung angesehen werden können . . .?» Er grinste.

«. . . und allenfalls unseren verzweifelten Versuchen, uns wichtig zu machen, entspringen?»

Ich verließ die Kneipe.

Gail war gerade von ihrem Felsenaltar im Moor zurückgekommen. Dort hatte sie, wie sie erzählte, eine Herde langhaariger Ziegen gesehen, die sie an Druiden erinnert hatten, Zauberer-Priester der vorchristlichen Ära. Sie sagte, ihrer Meinung nach hätten «Werte» durchaus noch einen Wert.

«Wie denn?» wollte ich wissen.

«Am Wert von Familie und Verwandtschaft läßt sich zum Beispiel nicht rütteln», erklärte sie mit einer Miene, die weiser und heiliger wirkte als je zuvor. «Selbstgemachtes kann sehr

gut sein. Schau, mein Lieber, ich verstehe deinen Schmerz sehr
gut. Aber Herbert ist doch eigentlich unbedeutend. Was ist er
denn? Ein Fremder in einem Zauberland, das seine Krankheit
geheilt hat, nachdem er versucht hat, uns Schaden zuzufügen,
und dabei vom Himmel gefallen ist. Und wer bist du? Ein anderer Fremder, den die Suche nach Wissen hierher verschlagen
hat. Und anstatt daß er dich angeleitet und geführt hätte, hat
Herbert dich niemals vor diesem gefährlichen Plan von Constable Bob gewarnt, der uns von der Anwesenheit einer bösen
Macht befreien wollte. Und als die arme Gretel dich für den
ganzen Ärger, den du hattest, getröstet hat, hat dieser kleingei-
stige Herbert es sich gestattet, eifersüchtig zu werden?»

«Unbedeutend», wiederholte ich, das Wort sorgfältig abwä-
gend.

«Ich nenne es nicht so», sagte Gail, «und vielleicht nennst du
es ja auch nicht so. Aber er selbst wird es so nennen.»

«Herbert?»

«Genau.»

«Im Unterbewußtsein, meinst du?»

«So ist es.» Sie lachte. «Er wird sich durch Schmerz erst einmal läutern müssen.»

Es war fast an der Zeit für mich, meine Zelte abzubrechen.
Ich schloß meine Lektüre ab, schenkte Gail zum Abschied einen
Strauß Blumen, zahlte, was ich ihr schuldig war, und setzte
mich in einen Zug nach London. Keine Woche später erhielt ich
von ihr ein Briefchen mit einem Zeitungsausschnitt, an dessen
Rand sie «siehst du?» geschrieben hatte.

Mann beinahe in
Bierglas ertrunken

Fast zum Verhängnis wurde dem ortsansässigen Künstler Herbert Auerbach letzten Samstag abend am Tresen von *The
Dinghy* ein Glas Bitter. Wie unser Reporter in Erfahrung

brachte, hatte der neoexpressionistische Maler seinen schweren Rucksack, in dem sich Lebensmittel für eine Woche befanden, nicht abgenommen. In dem brechend vollen Pub wurde Auerbach, der sich gerade vorbeugte, um einen Schluck aus seinem frisch gezapften Glas Bier zu nehmen, von den anderen Gästen gegen die Bar gedrückt. Ein Bekannter, über dessen Identität keine weiteren Erkenntnisse vorliegen, muß den Maler dabei in einigermaßen rauher Herzlichkeit mit «Hallo Herbert» und einem kräftigen Schlag auf den Rücken begrüßt haben und dann weitergegangen sein. Während immer mehr Gäste in das beliebte Lokal drängten, war Auerbach mit Nase und Mund richtiggehend in dem randvoll mit seinem Lieblingsbier gefüllten Glas festgeklemmt, wo er bereits zu ersticken drohte, als der Zapfer hinter der Bar auf ihn aufmerksam wurde und den Unglücklichen, der sich schon einige Zeit nicht mehr bewegt hatte, von dem Bierglas befreite. Der bewußtlose Künstler wurde sofort von einem eiligst herbeigerufenen Notarztwagen ins nächste Krankenhaus gebracht, wobei es der Rettungsmannschaft mit Wiederbelebungsversuchen gelang, ihn wieder zum Atmen zu bringen. Der Patient, dem es den Umständen entsprechend gutgeht, befindet sich nach Auskunft des behandelnden Arztes auf dem Wege der Besserung.

Ich schickte Herbert eine Karte mit den besten Wünschen für die Genesung. Er sandte mir daraufhin ein Foto seines jüngsten Gemäldes, das das Donnerloch darstellte. Öl auf Leinwand, großformatig, mittlerweile in der Londoner Tate Gallery zu besichtigen. Wer den weißen Sprühnebel genau betrachtet, kann eine Spur Rosa darin erkennen, die in der Mitte des Wassers dunkler wird.

Der neue Schüler

Meister Tofu lebt in einer Hütte am Ende eines gewundenen Pfades auf dem östlichen Hang des Berges Hyee, ein Stück westlich des Fischerdorfes Sakamoto am Biwa-See. Der Kaiser ernannte Tofu zu einem *Lebenden Nationalschatz*. Dieser Titel wird nur wahren Künstlern verliehen, die ihre Ziele erreicht haben. Im Norden der Insel Oschima gibt es einen Maler, der ein *Lebender Nationalschatz* ist. Er malt ausschließlich Kormorane auf flachen Steinen, die er am Strand findet. Der Kaiser zeigt damit seine Anerkennung, daß der Maler das Wesen des Kormorans versteht.

Meister Tofu fertigt Vasen und Teeschalen. Er benutzt den Lehm und verbrennt Zweige unter seinem Brennofen. Seine Werkzeuge bestehen aus ein paar stumpfen Messern und einer Töpferscheibe. Seine Hütte hat er selbst gebaut, und sein Schüler wohnt neben ihm in einer noch kleineren Hütte. Meister und Schüler verbringen Monate damit, Töpfe zu modellieren und sie anschließend in den Brennofen zu stellen. Wenn der Ofen voll ist, macht der Meister einen Spaziergang. Er sitzt auf den Felsen und beobachtet das blaue Schimmern des großen Sees unter ihm. Er sitzt im Sonnenschein oder im kalten Licht des Mondes und murmelt dabei vor sich hin oder summt. Die wilden Tiere streichen dicht an ihm vorbei, die Vögel zwitschern neben seinen Ohren, ein Schmetterling setzt sich auf seine Hand. Dann wird der Meister still, und wenn nichts mehr ihn stört und seine Seele so rein wie der leere Raum ist, kehrt er zum Brennofen zurück und entzündet das Feuer. Die Flammen lodern auf und lecken an den dicht aneinandergefügten Ziegeln, und der Meister sitzt auf einem Schemel und wartet.

Wenn das Feuer erlischt und die Asche nicht mehr glüht, öffnet Tofu den Brennofen, um zu sehen, ob die Vasen und Schalen der Tortur widerstanden haben. Den größten Teil der Töpfe wird er zerschlagen, doch ein paar bleiben über.

Jedes einzelne Stück, das sein Siegel trägt, ist ein Vermögen wert, und Meister Tofu wird zu den Kunsthändlern in der Stadt gehen und seine Schöpfungen gegen Banknoten eintauschen. Er sieht wie ein netter, freundlicher alter Mann aus. Klare Augen funkeln in den Falten seines lustigen Apfelgesichtes. Das Gehen bereitet ihm Schwierigkeiten, und er stützt seine hagere Gestalt auf einen knorrigen Stock. Wenn er sein Geld erhalten hat – er rollt die Scheine fest zusammen und zieht Gummibänder darum –, geht er in das Vergnügungsviertel und beginnt den Abend mit einer Schale Tofu-Suppe. Tofu ist eine gallertartige Masse, die aus Sojabohnen hergestellt wird. Es soll gesund sein, besitzt nur wenig Eigengeschmack, ist überall erhältlich und nicht teuer. Ein Gerücht besagt, daß der Meister aus einer adligen Familie stammt, doch er lebt wie ein armer Einsiedler und hat sich diesen albernen Namen selbst gegeben. Vielleicht will er auf diese Weise seine Bescheidenheit zeigen. Abgesehen von Tofu-Suppe ißt er gewöhnlich nur Früchte und die Wurzeln von Pflanzen, die in der Nähe seiner Hütte wachsen, doch wenn er in der Stadt ist, trinkt er Reiswein und wandert in den Straßen umher, wo die Prostituierten zu finden sind. Nach ein paar Tagen und Nächten des Feierns kehrt Tofu zu seiner Arbeit, zum Gehen und still Dasitzen zurück.

Vor etwa zehn Jahren ersuchten die Experten den Kaiser, Tofu zu einem *Lebenden Nationalschatz* zu ernennen, weil die Kunst des Meisters so rein und schlicht ist und weil sie den Hauch einer unerreichbaren Vollkommenheit besitzt. Der wahre Künstler versucht, über die Grenzen der menschlichen Beschränkung hinauszuwachsen, und Meister Tofu scheint dies mit Erfolg gelungen zu sein, denn seine Töpfe lassen sich mit Definitionen nicht beschreiben. Es muß nicht erwähnt werden, daß junge Töpfer von ihm lernen wollen. Wie es jedoch scheint, will Tofu nicht lehren, und er versteckt sich, immer wenn jemand bei ihm auftaucht. Lediglich Turu ist es gelungen, Meister Tofus Schutzmaßnahmen zu durchdringen, doch dazu mußte er wochenlang in der Nähe des Hauses des Meisters zelten und geduldig warten, bis der alte Mann schließlich geruhte, sich zu zeigen.

«Was kann ich dich lehren?» fragte Meister Tofu. «Gute Töpfe zu machen ist lächerlich einfach. Du nimmst etwas Lehm, formst eine Vase oder eine Schale, stellst sie in den Ofen und wartest, bis das Feuer erloschen ist. Das ist alles, was über mein einfaches Handwerk zu sagen ist. Nicht denken; laß deine Hände die Leere umgeben. Leere innen, Leere außen. Was sonst ist schon ein Topf außer einer Linie im Raum? Mußt du mich denn wegen einer Sache belästigen, die du bereits schon kennst?»

Turu blieb. «Du mußt deine Kunstfertigkeit weitergeben, damit, wer auch immer nach dir kommen wird, an deinem Wissen teilhaben kann.»

«Ich muß überhaupt nichts», sagte Tofu, «aber wenn du meinst, ich würde mich irren, befehle ich dir, das Unkraut in meinem Garten zu jäten.»

Turu tat alles, was ihm der Meister zu tun auftrug. Er sammelte Zweige für den Brennofen, er wusch die Wäsche, er fegte den Boden, er trug den Ton, er kochte töpfeweise Tofu und versuchte die Art des Meisters nachzuahmen. Außerdem fertigte Turu Vasen und Schalen an und stellte sie in den Brennofen. Manchmal sahen seine Töpfe ein wenig besser als früher aus, doch niemals ähnelten sie auch nur entfernt dem, was Tofu tat. «Nein, nein», sagte Tofu. «Du mußt aufhören zu denken. Erlaube der Form, sich aus sich selbst heraus zu entwickeln.»

«Ja, aber», sagte Turu.

«Ja, aber», sagte Tofu und zerschlug mit seinem Gehstock Turus Vasen und Schalen.

Turu verbeugte sich wütend und ging in die Stadt, doch am nächsten Tag kehrte er zurück. Er zupfte am Ärmel des Meisters. «Was nun?» fragte Tofu.

«Wir müssen von hier fort», sagte Turu.

Meister Tofu seufzte.

«Ich weiß», sagte Turu, «daß du niemals irgend etwas tun mußt, aber dieses Mal wird die Pflicht deine eigene Existenz retten. Wenn unser Leben bedroht ist, meinst du, wir sollten uns dann verteidigen?»

«Ist unser Leben bedroht?» fragte Meister Tofu.

Turu steckte sich eine Zigarette an und beugte seinen Kopf zur Seite. «Ja. Weißt du denn nicht, daß wir jetzt Nachbarn haben?»

«Ich weiß es», sagte Tofu. «Zwei stramme junge Burschen. Sie haben auf der anderen Seite des Baches eine Hütte gebaut.»

«Ich bin ihnen begegnet», sagte Turu. «Gerade eben erst, auf dem Pfad. Ich weiß, wer sie sind. Sie sind nicht gut.»

«Wer ist schon gut?» fragte Tofu.

«Ich nicht», sagte Turu. «Das ist es wenigstens, was du immer sagst. Ich mache alles falsch, auf die falsche Weise. Aber unsere neuen Nachbarn machen alles auf genau die richtige Weise falsch. Sie sind Terroristen aus der Hauptstadt.»

Meister Tofu schwieg.

«Hör zu», sagte Turu. «Du hast ja keine Vorstellung von dem, was in der Welt draußen vor sich geht. Sie sind gegen die bestehende Ordnung und wollen die Zivilisation zerstören, damit aus den Ruinen der alten eine neue Gesellschaft entstehen kann. Sie sprengen Züge und töten Staatsminister. Sie haben vor nichts und niemandem Angst. Es gibt alle möglichen Arten von Terroristen, und die schrecklichsten von allen sind disziplinierte Intellektuelle. Ich glaube, daß diese beiden zu der schlimmsten Sorte gehören.»

«Außergewöhnliche Menschen?» fragte Meister Tofu. «Ich hoffe, du hast recht. Tölpel kenne ich schon mehr als genug.

Ich glaube, daß ich selbst ein Terrorist bin, einer der schlimm-sten Sorte, aber unglücklicherweise habe ich weder die Zeit noch die Neigung, irgendwelche Unruhe zu verursachen.»

Turu schloß seine Augen und schüttelte seinen Kopf. «Diese Burschen sind Werwölfe, die all das Böse tun werden, das ihnen nur in den Sinn kommt. Wir müssen sofort von hier fort. Ich bin nicht einmal sicher, ob es nicht schon zu spät ist. Ihre Fotos sind auf der ersten Seite der *Kyoto Times*. Ich habe sie sofort wiedererkannt, und ich bin sicher, das haben sie bemerkt.»

«Na und?» fragte Tofu.

Turu begann zu schwitzen. «Bist du verrückt geworden, Meister Tofu? Spreche ich denn wirklich mit einem alten, seni-len komischen Kauz? Sie haben mich gefragt, ob du zufälliger-weise der berühmte *Lebende Nationalschatz* bist. Jeder weiß doch, daß du eine ziemlich ansehnliche Summe Bargeld bei-seite gelegt hast. Bitte, denk dir einen Plan aus, damit wir flie-hen können. Uns bleibt fast schon keine Zeit mehr.»

«Bah», sagte Meister Tofu und steckte sich ebenfalls eine Zigarette an. Er blies den Rauch genau in Turus Gesicht. «Turu, du benimmst dich wie ein Narr. Ich kann dich nichts lehren. Seit Jahren läufst du mir nun schon um die Füße, aber in deinem Kopf ist nichts anderes als Lehm, und ich kann ihn nicht für dich herausbekommen. Vielleicht hast du hier etwas gelernt, doch das wirst du nicht eher wissen, bevor du dich von mir getrennt haben wirst. Du mußt deine eigene Weisheit ver-stehen lernen, die sich in nichts von meiner unterscheidet. Du mußt jetzt gehen.»

«Wo kann ich denn hingehen?» fragte Turu. «Sie werden auf mich warten und mich umbringen. Sie haben Ferngläser, und genau in diesem Augenblick beobachten sie uns.»

«Ich werde ihre Aufmerksamkeit ablenken», sagte Meister Tofu. «In der Zwischenzeit schleichst du dich aus dem rück-wärtigen Fenster und kriechst durch die Büsche, kletterst dann den Berg hinauf und fliehst den Westhang hinunter.»

«Ja, aber ...» sagte Turu.

Meister Tofu hob seinen Stock vom Boden.

«Was für einen Unterschied macht es denn», fragte Turu, «ob ich auf dem Weg im Osten ermordet werde oder mir meinen Hals breche, wenn ich von den Felsen im Westen stürze?»

«Wenn du hierbleibst, schlage *ich* dir den Schädel ein», sagte Meister Tofu.

Turu umklammerte eine Axt. «Versuch nicht, gegen mich zu kämpfen, alter Narr.» Er zitterte vor Angst und vor Wut.

«Entscheide dich», sagte Meister Tofu. «Mein Stock ist tödlich.»

Turu griff den Meister an. Meister Tofu saß auf seinem Schemel. Turus Axt blitzte auf. Der Metallschutz am Ende von Tofus Stock wehrte die Axtklinge immer wieder ab. Mit jedem Aufblitzen der Axt wurde der Stock schnell durch die Luft bewegt. Der Kampf dauerte an, bis Turu schließlich am Ende seiner Kräfte angelangt war.

«Nun?» fragte Tofu.

«Ich werde gehen», sagte Turu.

Tofu ging hinaus und tanzte auf dem Feld vor seiner Hütte. Er sang und wedelte mit den Armen. Während Tofu tanzte, glitt Turu durch das rückwärtige Fenster und kroch durch das Gebüsch. Er erreichte den Waldrand und setzte sich auf einen Felsen. ‹Ich muß eine Entscheidung treffen›, dachte Turu. ‹Ich kann den Berg ersteigen und versuchen, über die steilen Felsen auf der anderen Seite zu entkommen, doch dann bin ich mir sicher, daß ich in meinen Tod stürze. Wenn ich jedoch auf dieser Seite hinuntergehe, werden die Terroristen mich sehen und mich umbringen. Sie sind groß und stark, und einer von ihnen ist mit Pfeil und Bogen bewaffnet, und der andere mit einem Schwert. Wenn ich zurückgehe, wird Tofu mit seinem Stock auf mich losgehen. Der Augenblick ist gekommen, der Wahrheit ins Angesicht zu blicken. Tofu ist überhaupt kein Meister. Die Terroristen wollen ihn ausrauben. Was geht mich das an?

Ich werde ihnen meine Dienste anbieten und ein Drittel der Beute bekommen.›

Je länger Turu über seinen Plan nachdachte, desto besser gefiel er ihm. War es denn nicht wahr, daß er alles aufgegeben hatte, um ein Schüler des Meisters zu werden, und daß er, nach all den Jahren anstrengender Arbeit, doch nichts erreicht hatte? War es denn nicht auch wahr, daß er einer Gesellschaft nichts schuldete, die dumm genug war, wenig bemerkenswerten Töpfern den Rang eines *Lebenden Nationalschatzes* zu verleihen? ‹Die unwissenden Menschen›, dachte Turu, ‹haben Tofu so viel Geld gegeben, nur weil sie dachten, er wäre ein großer Mann. Ich werde mir einen Teil dieses Geldes nehmen, damit ich genug für einen anständigen Anfang habe.›

Die beiden Männer, die jetzt auf dem Land westlich von Tofus Grundstück lebten, wurden Sakai und Yasudo genannt. Sie waren beide Absolventen der philosophischen Fakultät der Tokioter Universität. Sakai hatte zehn Jahre lang Schwertkampf geübt, und Yasudo war ein beeindruckender Vertreter in der Kunst des Bogenschießens. Sie waren enge Freunde geworden, weil sie beide an die ‹entgegengesetzte Richtung› glaubten. ‹Nur Nichts hat einen Wert›, sagten sie sich immer, ‹und daher müssen wir dieses Nichts erreichen.› Sakai hatte mit einer erschöpfenden Studie über ‹Das Wesen der Dualität› graduiert, und Yasudo hatte die Anerkennung der Experten der Universität aufgrund seiner brillanten Kommentare zu ‹Die Unwahrheit Gottes› erhalten. Die Professoren, die lediglich Theorie lehrten, waren sehr überrascht, als die beiden jungen Doktoren das Verdienst für einen verheerenden Brand in der Tokioter Innenstadt, das katastrophale Zum-entgleisen-Bringen eines der berühmten japanischen Hochgeschwindigkeitszüge und den darauffolgenden brutalen Mord an einem Staatsminister für sich in Anspruch nahmen.

Sakai und Yasudo ruhten sich nun auf dem Berg Hyee aus,

dem heiligen Berg, der die Tempelstadt Kyoto, Japans spirituelles Herz, beschützte. Der Hyee ist auch bekannt als der Berg der Besinnung, und seine Landschaft ähnelt denen auf alten Gemälden – undurchdringliche Wälder reichen hinauf bis zu rasiermesserscharfen Felswänden, die in hochliegende Nebel gehüllt sind. Dort streift der menschliche Geist alles ab, was ihn niederhält, und schwebt über Felder voller duftender Kräuter. Der Denker lernt in geheimen Meditationen, die nach der leeren Basis von allem greifen und Verbindung zu ihr herstellen, zuzuhören, wie der schlaue Fuchs, dessen Ohren sich drehen, um auch noch das leiseste Rascheln aufzufangen.

Sakai senkte seinen Feldstecher. «Erstaunlich. Dieser alte Mann humpelt ein wenig, doch sein Tanz ist wirklich beeindruckend. Man sollte meinen, er könnte versuchen, sein nutzloses Bein zu überspielen, doch er hebt dessen Lähmung noch deutlich hervor, so daß die Behinderung Thema dessen wird, was er auszudrücken versucht. Was meinst du, wieviel weiß er?»

«Meine Vermutung wäre auch nicht besser als deine», sagte Yasudo, «aber wir haben einen Besucher, der Bursche, der so schnell Angst bekommen hat, als wir ihm heute auf dem Weg begegnet sind. Dort ist er, unter der knorrigen Kiefer.» Er nahm einen Pfeil und hob seinen Bogen.

Sakai berührte den Arm seines Freundes. «Warte noch ein wenig. Vielleicht sind seine Kenntnisse von Wert.»

Wieder konzentrierte sich Sakai auf Meister Tofu, der gerade mit seiner Darstellung eines verwundeten Hasen zu Ende war und jetzt zu einem Reiher wurde, lautlos auf einem Bein stehend, in das klare Wasser starrend, den Schnabel schüchtern zurückgezogen, bereit, einen Fisch aufzuspießen. «Ein ziemlich amüsanter Bursche», sagte Sakai leise. «Äh, nun, was war noch gleich der Grund, warum wir ihn töten wollten?»

«Um das Notwendige mit dem Angenehmen zu verbinden», sagte Yasudo. «Ein *Lebender Nationalschatz* repräsentiert das

Beste in unserer gegenwärtigen Gesellschaft. Wenn wir ihn erst umgebracht haben, werden wir unsere Leistung publik machen, und Tofus beiseite gelegtes Geld wird es uns ermöglichen, unsere Arbeit fortzusetzen.»

Turu näherte sich den beiden und verbeugte sich.

«Hallo», sagte Yasudo. «Formuliere so klar und knapp du kannst, was dich herführt.»

Turu erzählte seine Geschichte.

«Direkt», sagte Sakai, «vom Regen in die Traufe. Tofu hat versucht, dich das Geheimnis der Form zu lehren, und offensichtlich hast du versagt zu verstehen, was er dich lehrte. Bei uns bist du noch schlechter dran, denn wir lehren die Kunst, wie man mit Form jemanden umbringt.»

Turu lachte. «Auf diesem Gebiet bin ich gut geschult. Was immer ich gemacht habe, wurde von Tofus Stock zerbrochen. Ich bin bereit für Rache.»

«Gut», sagte Yasudo. «Du sagst, Tofu hätte ein großes Vermögen zusammengetragen. Du kennst ihn gut, und sein Haus muß dir vertraut sein. Geh hinunter und zwinge ihn, sein Geld herauszugeben, dann kehrst du zu uns zurück und lieferst alles bei uns ab.»

«Das klingt aber gar nicht gut», sagte Turu. «Ich bin euch von Nutzen, daher solltet ihr euch erkenntlich zeigen. Nichts ist umsonst.»

«In der Tat, ja, nichts ist umsonst», sagte Sakai. «Warte, bis es Nacht geworden ist, und dann erfüllst du deine Aufgabe. Versuch nicht zu entkommen, denn es wird ein leichtes für uns sein, dich zur Strecke zu bringen.»

Yasudo lächelte. «Warum zögerst du? Deine Wahl hast du bereits getroffen. Indem du hergekommen bist, unterwirfst du dich unserer Gewalt. Vielleicht werden wir dich, zu gegebener Zeit, als unseren Genossen akzeptieren, doch zuerst wirst du dich bewähren müssen.»

«Guten Abend», sagte Turu.

Meister Tofu wachte auf.

«Hör zu», sagte Turu. «Ich bin nicht mehr länger dein Eigentum, denn ich habe meine Kette zerrissen. Dein Stock mag ja eine Axt abgewehrt haben, doch jetzt trage ich ein Schwert. Siehst du die prächtige Waffe? Meine neuen Herren haben sie aus dem kaiserlichen Museum in Tokio gestohlen. Es hat einmal dem Prinzen Yozo gehört, und geschmiedet wurde es von Tokoro. Wer auch immer dieses Schwert hält, er ist unbesiegbar. Wenn du deinen Stock benutzt, werde ich dir den Kopf abschlagen.»

«Mein Stock steht in der Ecke», sagte Tofu. «Wenn ich schlafe, brauche ich keinen Stock.»

«Hör auf zu schwatzen», sagte Turu. «Ich bin gekommen, weil ich dein Geld will. Wenn du es mir gibst, vielleicht verschone ich dann dein Leben.»

«Es macht dir doch nichts aus, wenn ich nicht aufstehe?» fragte Tofu. «Mein Geld befindet sich in dieser Vase dort.»

«Ich hoffe, du machst jetzt keine Witze», sagte Turu, als er sich hinhockte und die Vase vom Boden hob. Mit seiner rechten Hand hielt er weiterhin das Schwert, während seine Linke sich dem Hals der Vase näherte, der oben sehr breit war.

«Nur einen Augenblick noch», sagte Tofu. «Ich weiß, daß du allmächtig bist, seit du der Freund großer Geister geworden bist, und dein Schwert, das früher einmal das Land erobert hat und von einem Meisterschmied hergestellt worden ist, macht mir sehr große Angst. Und dennoch, ich denke, ich sollte dir trotzdem einen Rat geben. Bist du wirklich sicher, daß du deine Hand in diese Vase da stecken willst? Ich habe sie zu einer Zeit gemacht, als ich immer noch mit meinen eigenen Dämonen zu kämpfen hatte, und es könnte sehr wohl möglich sein, daß einer von ihnen sich dort eingeschlichen hat. Es ist Nacht jetzt, und selbst Dämonen müssen ruhen. Vielleicht wird er verärgert sein, wenn du seinen Schlaf störst.»

«Lange Jahre hast du mich als Sklaven gehalten», knurrte Turu. «Ich habe geglaubt, daß ich von dir lernen könnte, ohne jemals zu erkennen, daß ich doch nur mißbraucht wurde. Und jetzt halt die Klappe, denn wenn *ich* meine Beherrschung verliere, wirst *du* ganz sicher deinen Kopf verlieren.»

Turu steckte seine Hand in die Vase und zog sie dann wieder heraus, vor Angst und Schmerz laut aufschreiend. Eine sich windende Viper fiel auf den Boden.

«Einfaltspinsel», sagte Tofu. «Hast du denn wirklich nur so wenig über Form und Gestalt gelernt? Das Geld war auf dem Boden der Vase, und weil sein Hals weiter unten viel zu schmal ist, um deine Hand hindurchzulassen, hättest du die Vase zerschlagen sollen.»

Turu rollte sich auf dem Boden. Die Giftzähne der Schlange waren tief eingedrungen, und Turus Arm begann bereits anzuschwellen.

«Hilf mir», bettelte Turu.

«Das Gift wirkt schnell», sagte Tofu, «und ist bereits in deinem Blut, auf dem Weg zu deinem Herzen. Die Viper ist der Dämon, der aus Habgier entsteht. Jeder Fleck auf ihrer Haut ist eine Goldmünze.»

«Ich sterbe», schrie Turu.

«Atme tief ein», sagte Tofu, «und entspanne deine Muskeln. Das wird deine Angst beenden. Das Sterben ist eine interessante Erfahrung, aber Ängstlichkeit wird dir diese Erfahrung verderben.»

Turu schlug mit seinen Fäusten auf den Boden ein und begann zu wimmern. Seine Augen traten ihm aus dem Kopf, sein Gesicht lief dunkelrot an, seine Kinnladen öffneten sich im Krampf, und Speichel tropfte sein Kinn hinunter.

«Die Wolken ziehen weiter vor dem Mond vorbei», sagte Yasudo, «und ich kann nicht sehen, was dort draußen geschieht, doch ich glaube, daß dieser Meister Tofu einen Scheiterhaufen vorbereitet. Und jetzt schleppt er einen Körper heran. Er hebt ihn auf die Zweige und zündet das Feuer an. Ich fürchte, unser neuer Schüler hat uns bereits wieder verlassen.»

«Möchtest *du* jetzt gehen?» fragte Sakai.

«Was jetzt schon wieder?» fragte Meister Tofu. «Wenn du hinter dem Geld her bist, das bewahre ich dort in der Vase auf. Es bedeutet mir nichts, wenn ich mein Leben verliere, aber ich hasse es, dauernd geweckt zu werden.»

Yasudo musterte die Vase. Er dachte laut nach. «Das Geld ist in der Vase, aber wenn man danach greift, passiert ganz offensichtlich etwas Unangenehmes. Außerdem, der Hals der Vase ist unten viel zu schmal. Um an das Geld heranzukommen, werde ich die Vase zerschlagen müssen.»

«Hervorragend», sagte Meister Tofu. «Deine Logik funktioniert tadellos, aber mein Lehrer hat immer gesagt, daß ein bißchen klares Denken auch nicht mehr als nur eine kleine Antwort bewirkt.»

«Hatte dein Lehrer recht?» fragte Yasudo, während er einen Pfeil an seinen Bogen anlegte.

«Nun», sagte Meister Tofu, «recht oder nicht, wer will das letztendlich entscheiden? Ein wenig von beidem, es kommt alles ganz darauf an, von welcher Seite aus man das Problem betrachtet.»

«Steh auf», sagte Yasudo, «such einen Hammer und zerschlage diese Vase.»

«Darf ich dich warnen?» fragte Tofu.

«Ich bitte darum», sagte Yasudo. «Obwohl ich eigentlich nie sehr viel um einen guten Rat gebe.»

«Geh fort», sagte Meister Tofu. «In dieser Vase befindet sich nichts außer Geld. Eine ganze Menge, das gebe ich zu, und du kannst es haben, aber du bist immer noch ein junger Mann, und vielleicht wäre es besser, wenn du es dir selbst verdienst.»

Yasudo zielte mit seinem Pfeil genau auf Meister Tofus

Herz. «Ich will doch hoffen, daß du mir nicht sagst, ich sollte nicht stehlen. Was ist schon Besitz? Welchen Unterschied kann es geben zwischen dein und mein? Ich befehle dir, diese Vase jetzt zu zerschlagen.»

«Ganz wie du möchtest», murrte Meister Tofu. «Ich versuche nichts anderes, als nur ein bißchen zu schlafen, und jeder platzt hier herein, als wäre meine bescheidene Behausung der Hauptbahnhof. Warum solltest du mich in deine törichte Geschichte verwickeln?»

«Unsere Wege kreuzen sich», sagte Yasudo, «und wir müssen beide die Konsequenzen dieses Zusammentreffens akzeptieren. Wirst du jetzt endlich tun, was ich dir gesagt habe, oder muß ich erst diesen tödlichen Pfeil abschießen?»

Meister Tofu stand auf, packte einen Hammer und zerschlug die Vase, die Viper fiel heraus, und das Geld ebenfalls. Yasudo versuchte, die Viper und Meister Tofu gleichzeitig im Auge zu behalten. Die Viper glitt auf Tofu zu, und Tofu beugte seinen Kopf. Die Schlange machte blitzartig kehrt und ging auf Yasudo los. Der Pfeil schlug an der Stelle ein, an der sich noch eine halbe Sekunde zuvor der Kopf der Viper befunden hatte.

«Autsch», sagte Yasudo.

«Es tut mir sehr leid zu sehen, daß du jetzt stirbst», sagte Meister Tofu.

«Ich habe nicht genug aufgepaßt», sagte Yasudo. Er streckte sich auf den Dielen aus und verschränkte seine Hände auf seiner Brust. Er atmete tief ein und schloß seine Augen. Die Viper hatte ihn ins Bein gebissen, und das Gift jagte nun hinauf zu seinem Herzen.

‹Sieh an›, dachte Sakai. ‹Die Vorstellung scheint sich jeden Augenblick zu wiederholen. Meister Tofu besitzt eine Menge Feuerholz. Ich bin sicher, er wird noch genügend aufheben, um sich auch meiner Leiche zu entledigen, wenn die Zeit gekommen ist. Brennt Yasudo nicht schön hell? Nun, wie konnte er

diesen ungleichen Kampf nur verlieren? Er ist der beste Bo-
genschütze, dem ich je begegnet bin. Er erkennt die Gefahr
einer Situation, lange bevor es zur Krise kommt, und doch
sehe ich dort seinen Leichnam, verzehrt von höllischen Flammen.›

«Noch einmal?» fragte Meister Tofu. «Drei ist wirklich eine
merkwürdige Zahl. Ich war schon oft beim dritten Versuch er-
folgreich. Was kann ich für dich tun?»

«Ich bin unbewaffnet», sagte Sakai. «Dein ehemaliger Schüler hat dir mein Schwert gebracht, doch körperlich bin ich stär-
ker als du, und ich bin ein Meister in Karate.»

«Drohst du mir?» fragte Tofu von seinem Bett aus.

«Ich bin mir im Augenblick noch nicht sicher», sagte Sakai.
«Ehrlich gesagt, ich bin mir nicht mal sicher, was den Zweck
dieses Besuches angeht. Ich habe dich heute beobachtet. Zuerst
hast du getanzt, dann hast du die Leichen deines eigenen Schülers und meines Freundes verbrannt. Ich hatte den Eindruck,
daß du inmitten all dieses geschäftigen Treibens äußerst beherrscht warst, selbst als du herumgetanzt bist und mir einige
Aspekte deines Seins vorgeführt hast.»

«Ah, du möchtest gerne plaudern», sagte Tofu. «Aber ich
ziehe es gerade in diesem Augenblick vor zu schlafen. Wie
wär's, wenn du mich morgen früh wieder besuchen kämst?»

«Dort auf dem Boden liegt etwas Geld», sagte Sakai.

Tofu stöhnte und setzte sich auf. «Es gehört dir, vorausge-
setzt, du verläßt dieses Haus. Dieses Geld hat jetzt schon die
ganze Nacht Schwierigkeiten verursacht. Ich hätte es niemals
behalten sollen. Weißt du, wenn ich Geld verdiene, betrinke
ich mich immer, und wenn ich erst einmal betrunken bin, dann
vergnüge ich mich gerne mit den Damen, doch es ist einfach
immer mehr von diesem Zeug da, als ich ausgeben kann.»

«Und dort ist auch noch eine Schlange», sagte Sakai. «Sie
sieht unglücklich aus.»

«Das liegt daran, weil sie in einer Vase gewohnt hat», sagte Tofu, «und ich habe ihr Zuhause zerstört.»

«Warum nennst du dich Tofu?» fragte Sakai. «Einsiedler bevorzugen doch ausgefallene Namen. Meister Kranich, zum Beispiel, oder Meister Einhorn. Tofu ist eine farblose, gallertartige Masse, die niemals hart wird, es wird einfach nur irgendwie weich und wie Pudding. Bist du farblos und wie Pudding?»

«Ja», sagte Tofu. «Würdest du jetzt bitte das Geld nehmen und mich endlich in Ruhe lassen?»

Sakai schüttelte seinen Kopf. Er stand auf, fand eine Vase und steckte das Geld hinein. Die Vase stellte er dann vor die Viper. Die Viper glitt in ihren Hals. Sakai stellte die Vase auf ein Regal, fand einen Besen und kehrte die Scherben zu einem ordentlichen kleinen Haufen zusammen.

«Wirst du jetzt endlich gehen?» fragte Tofu.

«Nein», sagte Sakai. «Wirst du mich zu deinem Schüler machen?»

Tofu blieb still. Sakai fuhr fort zu kehren.

«Du bist den falschen Weg gegangen», sagte Tofu, «aber das macht nichts; es spielt kaum eine Rolle, wie wir erklären, was herbeigeführt worden ist. Das Leid, das du verursacht hast, wird allerdings irgendwann wieder in Ordnung gebracht werden müssen.»

«Wie du sagst», sagte Sakai.

«Und es gibt nichts, das ich dich lehren könnte; alles, was der Verstand benötigt, um es zu erfassen, ist bereits immer im Verstand gewesen.»

«Das habe ich noch nicht verstanden», sagte Sakai.

Tofu seufzte. «In diesem Schrank dort drüben findest du etwas Bettzeug. Laß uns jetzt schlafen gehen. Morgen wirst du den Gemüsegarten jäten müssen.»

Die Akte Segelohr

*D*er Text der folgenden Ermittlungsakte wurde als Unterrichtsmaterial für Kriminalbeamte in einem Lehrgang der Polizeiakademie Kyoto benutzt:

Diesen Bericht verfaßte Saito Masanobu, Keibi* (dritter Klasse) der Mordkommission im Polizeipräsidium Kyoto

Kyoto, 20. April 1979

Durch den Telefonanruf von Kogawa Sujuru benachrichtigt, besuchte ich am heutigen Morgen um 10 Uhr das Haus 7 – 3 – 5 Kawabata. In diesem Haus, im zweiten und höher gelegenen Stockwerk, entdeckte ich, in einem Raum an der Rückseite, den leblosen Körper einer Frau – Washino Maiko, 64 Jahre alt. Dr. Obatas Bericht, der die Ursache des Todes darlegt und eine Beschreibung der sterblichen Überreste der Frau enthält, ist diesem Bericht beigelegt. Einige aufgetrennte Mülltüten aus grauem Plastik waren an die verschiebbaren Papiertüten und ebenso an die vollkommen intakten Fenster geheftet worden, offensichtlich, um die Zufuhr von Frischluft zu verhindern. In dem Raum fand ich außerdem noch eine kleine Gasflasche, mit der üblicherweise ein Küchenherd beheizt wird. Der Hahn der Gasflasche war geöffnet, und sein Inhalt hatte sich verflüchtigt. Washino-san lag auf ihrem Bett, auf dem mit Strohmatten ausgelegten Fußboden, und ihre Arme waren über ihrer Brust gekreuzt.

Der einzige Mitbewohner in diesem Haus, Kogawa Sujuru,

---

* Keibi entspricht im Dienstgrad dem Inspektor bzw. dem Kommissar ein 40 Jahre alter Mann, berichtete mir folgendes: «Es muß sich während der Nacht ereignet haben. Ich hatte letzte Nacht getrunken und schlief fest. Ich lebe im unteren Stockwerk und breite mein Bett in dem niedriger gelegenen der vorderen Räume aus. Als ich aufwachte, roch ich Gas und bemerkte, daß die kleine Gasflasche, die den Küchenherd versorgt, entfernt worden war. Ich lief die Treppe hinauf, um nach Washino-san zu rufen. Vor fünf Jahren nahm sie mich als ihren Sohn auf und adoptierte mich. Dieses Haus gehört ihr.

Ich öffnete die Tür zu ihrem Schlafzimmer und torkelte sofort zurück, weil das Gas mit einem Schwall in den Korridor entwich. Ich sah sie auf ihrem Bett liegen und bedeckte meinen Mund und die Nase mit einem Tuch, lief hinein und öffnete die Fenster. Dann rief ich die Polizei an. Washino-san litt unter Depressionen und sprach oft über Selbstmord.»

Kogawa ist freischaffender Künstler, ein Maler. Ich vernahm ihn in seinem Atelier, dem hinteren Raum im Untergeschoß. Er sagte:

«Ich fühle mich schuldig. Washino-san hat nie geheiratet und ist recht wohlhabend gewesen. Die Menschen in der Nachbarschaft sprachen über sie wie von einer verheirateten Frau, aber das war natürlich nicht korrekt. Es war sehr gütig von ihr, als sie einwilligte, mich, diese bescheidene Person, einen sich durchkämpfenden Künstler, zu adoptieren und als ihren Sohn anzunehmen. Dank ihr mußte ich nicht länger meine Zeichnungen und Gemälde auf der Straße verkaufen. Seit Washino-san mich als ihren wirklichen Sohn akzeptiert hatte, machte sie es mir hier sehr bequem und beglich all meine Auslagen. Ich habe mich ihrer vielen Geschenke als unwürdig erwiesen. Ich hätte es zumindest versuchen sollen, sie aufzumuntern. Jetzt erbe ich all ihren Besitz und kann mich nicht mehr bei ihr für die vielen Gefälligkeiten erkenntlich zeigen.»

Sowohl die Begleitumstände als auch die Erkenntnisse von Doktor Obata deuten darauf, daß Washino Maiko aus eigenem

Antrieb und durch ihr eigenes Zutun starb. Ich schließe deshalb auf Selbstmord.

Diesen Bericht verfaßte Saito Masanobu, Keibi (dritter Klasse) der Mordkommission im Polizeipräsidium Kyoto

Kyoto, 3. Mai 1983

Durch den Telefonanruf von Ozaki Jumoko-san benachrichtigt, besuchte ich am heutigen Morgen um 9.30 Uhr das Haus 7–3–5 Kawabata. Ozaki-san, die Putzfrau von Kogawa Sujuru, dem bekannten Künstler, führte mich zu dem leblosen Körper des Hausbesitzers, der an einem Balken des Ateliers hing, einem Raum an der Rückseite des Erdgeschosses. Dr. Obatas Bericht, der die Ursache des Todes darlegt und eine Beschreibung der sterblichen Überreste Kogawas enthält, ist diesem Bericht beigelegt. Ebenfalls diesem Bericht beigelegt ist ein Brief, der am Kimono der Leiche befestigt war. Nachdem ich in Erfahrung gebracht hatte, daß die Handschrift identisch mit der verschiedener Dokumente ist, die im Haus aufgefunden wurden, und unter Berücksichtigung des Berichts von Doktor Obata und der von mir beobachteten Begleitumstände schließe ich auf Selbstmord.

Ein Brief, geschrieben von Kogawa Sujuru, gerichtet an Keibi Saito Masanobu

Kyoto, 2. Mai 1983

Freund und Teufel, der mich verfolgt:

Sie werden sich zweifellos an das erinnern, was ich Ihnen anläßlich des vorzeitigen und unnatürlichen Todes meiner Adoptivmutter erzählt habe. Sie vermuteten sicherlich, daß ich log. Aber meine Lügen waren so überzeugend, weil ich sie so

geschickt mit der Wahrheit verflochten habe. Meine Adoptivmutter starb vor vier Jahren, weil sie an giftigem Gas erstickte,
und Sie vernahmen mich damals sehr ausdauernd. Ich bemerkte, daß Ihre Ohren ziemlich abstanden, und deshalb
nannte ich Sie «Segelohr», natürlich nie in der Öffentlichkeit.
Dieser physische Makel, der Ihnen ein sehr komisches Äußeres
verleiht, beeindruckte mich tief.

Sie wollten die Wahrheit erfahren. Haben Sie jemals die
buddhistische Erzählung über die Zwiebel gehört? Ich weise
auf dieses Gleichnis hin, weil Sie, bevor Sie mir all Ihre Fragen
stellten, erzählten, Sie rechneten sich der Zen-Schule des buddhistischen Glaubens zu. Sie behandelten mich höflich, ruhig
und sogar mit ein wenig Liebenswürdigkeit, und das vielleicht
nur aus Gewohnheit, aber auch, so schien es mir, damit ich
meine Abwehrhaltung Ihnen gegenüber fallenließe. Ich besitze
eine kleine Statue, die Bodhidharma darstellt, den ersten Zen-
Meister, der vor langer Zeit aus Indien zu uns kam. Sie bewun-
derten dieses eindrucksvolle Kunstwerk. Ich erzählte Ihnen,
daß ich diese kleine Skulptur, die diesen fetten, griesgrämigen
Patriarchen darstellt, von meinem Vater bekommen habe.
Mein Vater erhielt sie seinerseits von Gota, dem kürzlich verstorbenen Zen-Meister, der dem nördlichen Tempel vorstand.
Gota sprach viel über das Gleichnis der Zwiebel. Wenn wir eine
Zwiebel schälen, fällt eine Lage Haut nach der anderen herun-
ter, bis schließlich nur noch die Leere übrigbleibt. Genauso löst
die buddhistische Schulung nach und nach das Ego ab, so daß
wir schließlich in die große Leere eintreten können. Sie wollten
meine Zwiebel schälen, meine Lügen wegreißen, die wie
Schuppen meine Wahrheit verbergen. Aber ich wage anzunehmen, daß auch ich den göttlichen Kern besitze, die Stille, die
uns allen am Ende zufällt.

Sie saßen mir damals so stark und ruhig gegenüber wie ein
Mönch in tiefer Meditation. Sie trugen einen dunklen Anzug,
in westlichem Stil und aus guter Qualität, möglicherweise war

er maßgeschneidert, dazu ein weißes Hemd und einen schmalen, geschmackvollen Schlips. Sie hatten die Beine übereinandergeschlagen, Ihr Kopf erhob sich gerade zwischen den Schultern, und Ihr Torso ruhte gleichmäßig auf meinen ärmlichen, abgenutzten Strohmatten. Ich fühlte genau, daß Sie keine meiner schmutzigen Lügen glaubten, aber ich dachte sie mir, so gut es ging, aus, damit Sie sie in Ihren Bericht schreiben konnten. Der Tod meiner Stiefmutter war in diese Lügen eingerahmt, als ein Selbstmord, der nicht in Zweifel gezogen werden konnte. Ich sagte, daß ihr Tod mir Kummer bereitete, um meine Unschuld deutlich werden zu lassen. Jeder, der das Gesetz bricht, verhält sich vorsichtig, wenn er der Polizei in seiner eigenen Wohnung gegenübersteht. Sie waren mein Freund, ein Teufel, der bereit ist, mich in die Hölle zu zerren. Ein Teufel mit Segelohren?

Ein körperliches Gebrechen erhöht gleichsam die menschliche Natur unserer Erscheinung. Ich bitte Sie um Verzeihung, denn ich will damit nicht behaupten, daß Sie wie ich körperlich behindert sind. Haben Sie in Ihrem Bericht erwähnt, daß ich einen Buckel habe und entsetzlich schiele? Ich glaube es nicht, obwohl diese Information sachdienlich sein könnte. Weshalb? Um einen Mord aufzuklären? Sicher hatten Sie bemerkt, daß meine Stiefmutter ebenfalls einen Buckel hatte und hinter ihren dicken Brillengläsern schielte. Einige Leute dachten tatsächlich, daß Washino-san meine leibliche Mutter wäre, lange bevor sie mich offiziell adoptierte. Unsere äußere Ähnlichkeit muß der Einfall eines bösartigen Schicksal sein.

Darf ich Ihnen einiges über mein Leben erzählen? Gerade Sie, ein intelligenter und geschulter Polizeibeamter, können daraus noch etwas über das Zustandekommen menschlicher Beziehungen lernen.

Meine Mutter starb kurz nach meiner Geburt. Mein Vater schämte sich, daß sein Sohn ein verkrüppeltes Scheusal war, aber es blieb ihm nichts anderes übrig, als seinen eigenen Sohn aufzuziehen. Er entwarf Kimonos für ein bekanntes Geschäft hier in der Stadt. Nach dem Tod meiner Mutter stand er jeden Morgen früh auf, um den Zen-Meister Gota zu besuchen. Ich vermute, daß er so in Erfahrung bringen wollte, was er verbrochen hatte, um einen Sohn wie mich zu verdienen. Sicherlich waren meine Behinderung und der vorzeitige Tod meiner Mutter die Folge seiner Fehler, die er in seinem vorausgegangenen Leben gemacht hatte. Meister Gota erdachte einige Rätsel, die mein Vater lösen sollte, und er empfahl ihm ermüdende und lange Meditationsübungen, so daß er sein tieferes Bewußtsein erreichen könnte. Mein Vater hatte wenig Glück, so konnte er sich nicht einmal nach den langen Stunden Arbeit, für die er nie angemessen bezahlt wurde, ausruhen. Heute frage ich mich, ob Meister Gotas Bemühungen wirklich hilfreich waren. Aber er häufte weitere Probleme auf meines Vaters Grundfrage: Warum hat ein gutmütiger Mann in seiner täglichen Existenz zu leiden? Nebenbei bemerkt, Zen-Rätsel ergeben kaum einen Sinn, sie können nicht mit Hilfe der Logik gelöst werden und machen auch manchmal den Schüler wahnsinnig.

Halte den Eilzug aus Osaka an

Haben Sie jemals etwas über dieses Zen-Rätsel gehört? Ist es nicht eigentlich ein grausamer Befehl? Mein Vater muß dies so empfunden haben, denn eines Tages wurde er auf den Eisenbahnschienen tot aufgefunden. Ich vermute, daß er zu dieser Zeit auf Buddha wartete, und vielleicht dachte er, daß sich ihm der Einzigartige als Eilzug offenbaren würde. Seine Leiche war furchtbar entstellt, aber ich konnte ihn identifizieren. Damals war ich 14 Jahre alt. Das Halte-den-Eilzug-an-Rätsel interessierte mich sehr. Die Hälfte meines Seins entstand aus den Genen meines Vaters; ich bin auch die Kontinuität all seiner Fragen. Im Moment verbrenne ich vor dem Foto meines Vaters

Weihrauch, aber es wäre sinnvoller, wenn ich eine Antwort auf die Frage meines Vaters finden könnte. *Halte den Eilzug aus Osaka an.* Stand ich nicht oft auf diesem Weg, genau an der Stelle, wo sich der Berg erhebt und man die altehrwürdige Tojy-Pagode auf der einen Seite und das moderne Grandhotel auf der anderen Seite sehen kann, dieses Symbol der westlichen Zivilisation, die uns in dieser Zeit den Fortschritt gebracht hat. Zeit, das hätte des Rätsels Lösung sein können: Zeit, die nicht existiert, aber mein Vater konnte die Lösung nicht erkennen. Er glaubte immer noch, daß er sich beeilen müßte, irgendwohin zu gelangen, und Meister Gota wollte ihm Einhalt gebieten, aber es kam ihm nicht in den Sinn, daß mein Vater versuchen würde, einen heranrasenden Zug aufzuhalten.

Sollte ein Zen-Meister nicht auch mit einigem psychologischen Verständnis ausgestattet sein? Ist es solch erhabenen Seelen erlaubt, die Dummen unter einen Zug zu stoßen? Ich vermute, daß Meister Gota damals sehr betroffen war, denn er schickte den Klostervorsteher, der mich in den Tempel brachte. Zwei Jahre lang gewährten mir die Mönche im Kloster Unterkunft und Verpflegung. Während des Tages besuchte ich die Schule und verbrachte die Abende zusammen mit den Mönchen in tiefer Meditation. Sie zwangen mich dazu, früh aufzustehen, so daß ich schon morgens still dasitzen konnte, und immer wenn ich einnickte, schlugen sie mich mit einem Stock. Danach hatte ich mich zu verbeugen, um meine Dankbarkeit zu zeigen. Schläge scheinen zu einer gründlichen Erziehung zu gehören. Eines Tages las ich einen Artikel in der Zeitung, in dem der Präsident einer Firma, die Luxuslimousinen herstellt, gelobt wurde. Er hatte einen Hilfsarbeiter mit einem Schraubenschlüssel geschlagen, weil der junge Bursche einen Bolzen nicht sorgfältig genug befestigt hatte. Der Mönch, der dem Kloster vorstand, war ein vornehmer Mensch, und jedesmal, wenn Sie mich besuchten, erinnerten Sie mich an ihn. Sie tragen Ihren maßgeschneiderten Anzug genauso wie er seine

Robe. Es ist in den Zen-Tempeln Tradition, immer die gleiche Robe zu tragen, so erkennen die Menschen draußen, daß ein Mönch wenig Geld für sich selbst verwendet. Der Klostervorsteher verwendete eine Menge Zeit und Mühe darauf, seine Robe zu flicken, und sein Gewand war ein Kunstwerk, eine wirklich geschickte Kombination aus Kleidungsresten in allen möglichen Blau- und Schwarzschattierungen. Ich malte ihn oft, obwohl er es ablehnte, mir Modell zu stehen. Immer wenn er mich mit meinen Pinseln beschäftigt sah, pflegte Meister Gota zu sagen, ich verschwendete meine Zeit. Er wollte meinen Malkasten konfiszieren, aber ich erhielt von den Mönchen Taschengeld, das ich sparte und so meinen Bestand immer ersetzen konnte. Nachdem ich die Schule beendet hatte, floh ich aus dem Tempel und zog umher. Viele Jahre schlief ich unter Brükken und versuchte, meine Werke auf der Straße zu verkaufen. Ich war allein und haßte jeden. Hilflose Krüppel lernen ihre Gefühle zu verstecken, egal wie. Die anderen Penner beleidigten mich und stahlen mein Geld. Ich träumte von Rache. Vielleicht erhielt mich auch in jenen Tagen nur mein Haß am Leben. Leute, die auf der Straße leben, sterben schnell. Sie legen sich irgendwo nieder, umklammern sich gegenseitig, seufzen ein paarmal und sterben dann im Schlaf. Aber noch brauchte ich mein Leben und wurde stark durch meinen Zorn. Ich träumte davon, alle Stützpfosten zu zerstören, die unsere berühmten alten Gebäude aufrechterhalten, oder das Rathaus in Brand zu stecken. Ich ließ Tempel explodieren und verursachte gewaltige Schäden auf belebten Straßen. In Wirklichkeit war ich brav und malte hübsche Bilder, die niedliche, in Gärten spielende Kinder zeigten, oder entzückende Kätzchen, die mit funkelnden Glöckchen an Samthalsbändern geschmückt waren. Die Kätzchen waren fett und glücklich, nicht wie all die hungernden, dumpfen Kreaturen, die die Menschen in den Tempelgarten werfen und darauf hoffen, daß Buddha sich schon ihrer annehmen werde. Buddha bemerkte sie nie, doch ihre Schreie peinigten die Mönche, die sie dann im Teich des Tempels ertränkten.

Haben Sie davon irgend etwas geahnt, als Sie mir in die schielenden Augen starrten und untersuchten, wie Washino-san ihr Ende gefunden hatte? Ich glaube, daß Sie etwas vermutet haben. Ich schiele wirklich stark, wie Sie sicherlich bemerkt haben. Die Passanten lachten oft über mich: «Wirst du nicht stumpfsinnig, wenn du dir immer auf die eigene Nase schaust?»

Nachdem sie das gesagt hatten, gackerten sie immer wie die Hühner, von ihrem eigenen Witz belustigt.

Die Art und Weise, wie Ihre Ohren abstehen, belustigt mich ebenfalls. Ich wollte Sie fragen: «Werden Sie nicht davongeblasen, wenn der Taifun über die Stadt hinwegfegt?», um dann vor dem Wegrennen lauthals zu lachen. Aber so verhält man sich nicht, wenn man von einem Keibi des Mordes verdächtigt wird.

Wie ich meine Stiefmutter getroffen habe? Sie fragten es mich damals, und ich versorgte Sie mit den gerade nötigsten Informationen. Ich erzählte Ihnen, daß ich ein Zimmer im Haus der alten Dame gemietet hatte und daß ich ihr mehr und mehr gefiel, bis sie mich eines Tages mit zum Rathaus nahm, um mich als ihren gesetzmäßigen Sohn eintragen zu lassen. Als ihr Sohn wurde ich zwangsläufig zu ihrem Erben, und ihr Tod würde mir einen materiellen Vorteil bringen.

So trieb ich sie in den Tod. Undankbar, oder? Darf ich mir jetzt erlauben, den Rest der Geschichte mit den wirklichen Einzelheiten zu ergänzen?

Ich stellte meine Arbeiten auf der Straße aus und schlief unter einer Brücke, zu dieser Zeit war es die Godjo-Brücke, nebenbei bemerkt, es ist der schlechteste Zufluchtsort, den die Stadt bietet. Dort zieht es sogar heftig, wenn der Wind sich gelegt hat, und die Ratten sind größer und kräftiger als irgendwo anders. Die Penner sind ebenfalls die schlimmsten betrunkenen Straßendiebe, und dann gibt es noch alte, häßliche, zahnlose Weiber, stinkend vor Schmutz. Ich hatte gerade angefangen, die heiligen Männer des Buddhismus zu porträtieren: Bodhidharma, lüstern über seinen dürren Schnurrbart hinwegblickend, den ehrwürdigen Meister Hakuin, vom Alter verwüstet, und den zurückgebliebenen Ananda, Buddhas ersten Schüler, der immer wieder die Worte seines Lehrers wiederholte und deshalb «Papagei» genannt wurde. Oft besuchen die Touristen Kyoto nur deshalb, weil sie denken, daß unsere Tempel himmlischen Glanz ausströmen, und die Heiligenbildnisse werden zu den passenden Souvenirs, die man den Freunden zu Hause zeigen kann. Eines Tages verdiente ich eine hübsche Summe, und ich konnte der Versuchung nicht widerstehen, mir neue Kleider zu kaufen. Ich sah plötzlich so adrett aus, daß ich es nicht mehr wagte, unter die Brücke zurückzukehren. Deshalb wanderte ich ziellos umher, bis ich im östlichen Stadtteil ein gepflegtes Haus in einer wunderbaren Allee sah. An der Mauer war ein Schild befestigt: *Zimmer zu vermieten.*

Das war der Anfang einer großen Wende. Washino-san öffnete die Tür und bat mich herein. Ich war schon ewig nicht mehr in so einem gepflegten Haus gewesen, daß ich mich ganz unwohl fühlte. Aber ich mußte mich auch sehr zusammennehmen, um nicht zu grinsen – Washino-san hatte ebenfalls einen Buckel und schielte fürchterlich. Wir konnten uns nicht einmal direkt in die Augen sehen und mußten uns vorbeugen, um das Gewicht unserer mißgebildeten Rücken auszubalancieren. Die Miete war erträglich, und ich erklärte ihr, daß ich das Zimmer sofort beziehen wolle. Es kam ihr sonderbar vor, aber ich trug alles bei mir; meine Lumpen in einem Beutel und meine Arbeiten in einer hölzernen Rolle. Damit sie es sich nicht noch anders überlegen konnte, zählte ich schnell einige Geldscheine ab. Sie nickte zustimmend. Es wirkt unanständig und verlockend, wenn Geld so offen gezeigt wird.

Ich war auch nicht anständig, Washino-san besuchte mich oft, um zu plaudern, und wollte mir Tee anbieten, aber ich bestand darauf, Reiswein zu trinken. Unter den Brücken hatte ich mich an den Alkohol gewöhnt. Erhitzter Reiswein wärmt die Glieder und wirkt manchmal inspirierend. Ich malte also weiterhin die heiligen Männer und mußte ständig ein wenig betrunken sein, um ihren Ausdruck gut zu treffen. Ich war natürlich nicht betrunken; erst später wurde ich regelrecht süchtig. Washino-san liebte es zu plaudern, und ihr Gesprächsstoff war monoton. In der Regel redete sie über den Tod und die verschiedenen Möglichkeiten zu sterben. Sie sah sich all diesen Quatsch im Fernsehen an, wol edle Gentlemen und Ladies aus grauer Vorzeit sich in Schwierigkeiten bringen, um dann gezwungen zu sein, sich das Leben zu nehmen. Wir pflegten die verschiedenartigsten Gifte in Erwägung zu ziehen, stießen uns Messer oder Schwerter in Bauch und Nacken, erstickten durch Strangulieren, sprangen von Klippen, ertränkten uns im Meer und ähnliches mehr. Ich schlug Gas vor, weil es sich ja im Haus befand. Und ich verstand natürlich, daß sie ihren eigenen Tod erörterte, wenn sie auch nur von ihren depressiven Freunden und Bekannten redete, die sie gar nicht hatte, weil sie ja niemanden kannte.

Ich malte normalerweise bis mittags und verbrachte den Nachmittag auf der Straße. Eines Tages fragte sie mich, womit ich mein Geld verdiene. Ich erzählte ihr die Wahrheit, und sie schlurfte aus dem Zimmer, ohne etwas zu sagen, sogar ohne Verbeugung. Etwas später kam sie zurück und klagte mich der schamlosen Bettelei an. Sie sagte auch, daß ich zu gehen hätte. Ich könnte noch bis Ende des Monats bleiben, aber keinen Tag länger. Eine Person, die auf dem Bürgersteig kauere, um Passanten das Geld aus der Tasche zu ziehen, sei nicht die Art Mieter, die in dem hübschen Heim einer Lady willkommen ist. Es stimmte, daß ich das meiste Bargeld damit verdiente, mir pathetisch meine Lumpen umzuwerfen, schmerzverzerrt zu husten und meine arme, kranke Gestalt unter einem rissigen Papier-Regenschirm zu schützen. Aber diese Rolle spielt jeder, der sein Zeug auf der Straße verkaufen will. Oft verkaufte ich aber gar nichts, trotzdem warfen die Leute mir immer ein paar Münzen auf meine Strohmatte.

«Wenn ich nicht willkommen bin, bleibe ich keinen Augenblick länger», erwiderte ich zornig und begann, meine Sachen zu packen. Washino-san sagte, daß sie mich nicht einfach hinauswerfen wolle und daß sie eine Hütte kenne, wo ich vielleicht bleiben könnte. Aber ich verließ sie im Zorn, um wieder unter der Brücke zu schlafen, und am nächsten Tag traf sie mich auf der Straße. Ich verkaufte zu dieser Zeit meine Sachen vor den Toren des Kaiserpalastes, und sie erzählte mir später, daß sie mich stundenlang gesucht habe. Sie weinte, entschuldigte sich, und ich zog wieder ein.

Sie war doch keine schlechte Frau, sagen Sie jetzt vielleicht, wenngleich sie möglicherweise ein wenig stolz und in ihren Ansichten ein wenig beschränkt war. Ich stimme Ihnen mit etwas Zögern zu. Menschliche Beweggründe sind nicht immer einfach zu verstehen. Wir sahen uns ja sehr ähnlich, und sie könnte mich als die Fortsetzung ihres Lebens angesehen haben. Vielleicht wollte sie auch nur Einfluß auf mich ausüben oder durch mich zu Ehren gelangen. Ich bin kein untalentierter Künstler. Habe ich nicht seit ihrem Tod mein Können bewiesen? Mein Gemälde *Kraniche an einem regnerischen Abend* gewann letztes Jahr einen Preis, und *Kyoto Art* publiziert regelmäßig meine Arbeiten, gefolgt von langen Artikeln, in denen die Experten mich überschwenglich loben. Einige meinen, *Kyoto Art* wäre das beste Kunst-Magazin im ganzen Land. Washino-san wäre stolz auf mich gewesen, wenn sie noch lebte.

Als ich nach meiner Nacht unter den Brücken zurückkehrte, führten sie und ich ein langes und ernsthaftes Gespräch miteinander. Es wäre keine Miete mehr fällig, wenn ich versprechen würde, meine Arbeiten nicht mehr auf der Straße zu verkaufen. Von diesem Tag an bezahlte sie mir meine Farben, meine Pinsel und servierte mir alle Mahlzeiten. Ich sollte nur noch eine stattliche Anzahl Gemälde produzieren und dann einen Agenten finden, der mich in eine Galerie einführt und die Ausstellungen organisiert. Ich gab mein Bestes, und innerhalb eines Jahres wurde mein Werk bekannt.

Können Sie sich vorstellen, wie man sich fühlt, wenn man an der Leine hängt, deren anderes Ende in der Klaue einer alten Frau liegt? Zweifellos konnte ich unter günstigen Bedingungen malen, aber ich hatte meinen freien Willen verloren. Ich wehrte mich, indem ich mehr als je zuvor trank und regelmäßig andere Künstler einlud, die ich durch meinen Agenten kennengelernt hatte, damit sie halfen, einen Krug nach dem anderen zu leeren. Ich wurde streitsüchtig und bestärkte sie, wenn sie begann, über den Tod zu reden. Immer, wenn ich ein Bild verkauft hatte, schwieg ich, aber sorgte dafür, daß alle Enttäuschungen ausgiebig diskutiert wurden. Das Thema Selbstmord tauchte immer häufiger auf, und ich bedrängte sie, Gas zu benutzen. Die Stahlflasche mit dem Kochgas gehörte in die Küche, wurde aber in ihrem Schlafzimmer gefunden, als Sie kamen, um den Tod meiner Stiefmutter zu untersuchen. Wer hatte die Stahlflasche hinaufgetragen? Sie bat mich damals nicht, das schwere Ding hochzuschleppen, aber eines Abends dachte ich, die Zeit sei gekommen, und ich hatte recht.

Ist es nicht erheiternd, wie die Rollen sich verkehren können? Zuerst sah es so aus, als könne sie meinen Willen kontrollieren, aber nach und nach wurde ich zum bestimmenden Faktor. Meine Stiefmutter verübte Selbstmord, sie drehte den Hahn auf, nachdem sie die Plastikmülltüten an den Rahmen ihrer Fenster und Türen befestigt hatte. Ich trug nur die Stahlflasche nach oben. Es ist illegal, einem Selbstmörder zu helfen, aber eben auch schwer nachzuweisen.

Als ihr einziger Erbe wurde ich zu einem Tatverdächtigen,

doch wahr ist, daß ich nichts von dem benötige, was sie mir hinterlassen hat. Eine Woche nach dem Tod von Washino-san wurde meine erste große Ausstellung eröffnet, und ich wußte genau, daß ich etwas verkaufen würde. Mein Optimismus war nicht unbegründet, denn mein Name war in den richtigen Kreisen eine Zeitlang kursiert. Warum also half ich ihr bei dieser Entscheidung? Vermutlich wollte ich dadurch meine eigene Vergangenheit auslöschen. Ich wollte diesen ekelhaften Bettler loswerden, der ich so lange sein mußte, und Washino-san war die einzige, die ihn genau gekannt hatte. Vielleicht lag die Ursache meiner Missetat in den Racheträumen, die ich unter der Brücke durchlebt hatte. Hatte ich schließlich jemanden gefunden, der schwächer war als ich? Oder sehnte ich mich nach wunderschönen jungen Frauen, die ich nicht mit nach Hause bringen konnte, weil ihre besitzergreifende Eifersucht sie aus meinem Leben ausschlossen? Wollte ich mich für immer von ihr befreien? Oder ging mir ihr düsteres Gerede zu sehr auf die Nerven?

Es ist schwierig, sich selbst zu erkennen. Sie betrachteten mich als potentiellen Mörder und besuchten mich von Zeit zu Zeit. Das war sehr geschickt von Ihnen, denn als Polizist verstehen Sie zweifellos Ihr Handwerk. Sie konnten meine Schuld nicht beweisen, aber Sie vermuteten, daß ich noch nicht alles hinter mich gebracht hatte, und blieben mit mir in Verbindung, um weitere Verwicklungen zu verhindern. Sie ließen mich spüren, daß der Staat ein wachsames Auge auf mich geworfen hatte. Ist es nicht so gewesen, Keibi-san? Ist es nicht Ihre Aufgabe, die Gesellschaft zu beschützen? Oder waren Sie an meinem Fall interessiert, so wie damals Meister Gota auch, der mich im Tempel sitzen und von den Mönchen schlagen ließ? Jeder Ihrer Besuche fügte meiner Seele scharfen Schmerz zu. Ihre sanfte, höfliche Stimme traf mich wie ein Peitschenhieb. Ihr starrer Blick brannte in der Tiefe meiner Existenz. Sie sind ein Teufel, angestellt von den Gerichten der Hölle. Lehrt nicht der Buddhismus, daß nur die Entwicklung wichtig und daß Qual der beste Lehrer ist?

Ist diese Wahrheit nicht so überzeugend, daß wir es genießen, wenn wir in der Zeitung lesen, daß ein Hilfsarbeiter von seinem allerhöchsten Herrn mit einem Schraubenschlüssel gezüchtigt wurde?

Ich sehe Sie jetzt vor mir, Sie mit Ihren Segelohren. Mit normalen Ohren hätten Sie mich nicht beeindruckt. Makellose Überbringer der Wahrheit können uns zu sehr verwirren. Meister Gota litt an der Parkinsonschen Krankheit, und seine zitternde Hand betonte alles, was er mir zu zeigen versuchte. Warum beeindruckte mich Bodhidharmas Bildnis so sehr? Weil dieser große Lehrer sich eines fetten Körpers und eines mürrischen Gesichts bediente und weil er sich durch die fortwährende Darstellung seines widerlichen Wesens uns näherbrachte, menschlicher erschien. Das stilisierte Buddha-Bildnis bedeutet mir gar nichts. Was offenbart es anderes als einzigartige Perfektion.

Sie haben mich eine Zeitlang nicht besucht, aber ich weiß, daß Sie jeden Moment hereinkommen können. Ihre Besuche waren immer so unerwartet, daß ich kaum fähig war, mich sorgfältig genug darauf einzustellen. Ich nehme an, daß Sie diesen Brief in meinem Atelier lesen werden. Schauen Sie sich bitte um. Können Sie meine letzte Arbeit sehen? Das Porträt der Ballettänzerin Netsuku? Habe ich ihren lieblichen, geschmeidigen Körper nicht einwandfrei gemalt? Nun schauen Sie sich das Gesicht an. Ja, richtig, auf allen Skizzen schielt das arme Mädchen. Netsuku ist berühmt für ihre wunderbaren Augen, die die Unendlichkeit mit ihrem sinnlichen Strahlen nachdenklich betrachten. Aber in meinen Porträts starren sie nur kurzsichtig auf die eigene Nasenspitze. Dieser offensichtliche Fehler veranlaßte mich, mir diesen Strick zu kaufen, der mich strangulierte. Ich versuchte es tagelang, ununterbrochen.

Ich habe Augen immer perfekt malen können, aber ich weiß jetzt, daß ich diese Fähigkeit für immer verloren habe. Wenn Sie meine Zeichentruhe durchsuchen, werden Sie Hunderte Papierfetzen finden, auf denen ich versucht habe, Netsukus Augen darzustellen. Man sieht immer nur, wie Sie sicher jetzt vermuten werden, das unglückliche Schielen *meiner* Stiefmutter. Das ist das Ende.

Selbstmord wird immer durch Verzweiflung inspiriert. Mein Vater sprang der gewaltigen Lokomotive des Osaka-Eilzuges entgegen, Washino-san drehte den Hahn auf, und ich werde in einer Minute den Hocker wegstoßen. Wenn jemand dies tut, so ist ihm als Ausweg nur noch diese eine Wahl geblieben. Ich kann nur vermuten, was in dem Kopf meines Vaters und meiner Stiefmutter vor sich ging, und in meinem Kopf herrscht auch noch keine völlige Klarheit. Hätte ich mein Verbrechen eingestehen sollen? Was hätten Sie getan? Ein Geständnis vor Gericht wäre nicht ausreichend gewesen, nur wir beide zusammen hätten die Beweise sammeln können. Nur von meiner Schuld wäre ich nie reingewaschen worden. Ist es mir im Moment überhaupt klar, daß ich mich dadurch bestrafen muß, indem ich meine vielversprechende Karriere vernichte? Ich bin Ihnen Dank schuldig, weil Sie meine Rache zerstörten, Sie fürchterlicher Teufel, der nie aufgibt. Weil Sie mich besuchten, durchlebte ich einen schmerzhaften Augenblick nach dem anderen. Sie brachten mich dazu, meine eigene Zwiebel der Unwissenheit zu schälen. Ich habe es noch nicht vollendet – da sind noch einige Häute, die unter Schmerzen abgezogen werden müssen. Aber wird dieser Vorgang jemals ein Ende finden? Ist das Ende im Tod nicht ein neuer Anfang? Ich werde meiner Stiefmutter wieder begegnen, in einer anderen Weise und in einer neuen Umgebung. Es bestand nie eine Beziehung zwischen uns, nur das gegenwärtige Leben hat uns aneinander gefesselt. Ich höre wieder den Singsang der Mönche, wie sie ihre morgendliche Meditation beginnen und damit auch einen neuen Tag:

Ich selbst
weiß, wo ich früher versagte,
ist da kein Ende von Habgier, Wut, Torheit,
die unsere Geburt bewirkte und den Platz für einen neuen
Anfang bestimmte,
ich bekenne mich jetzt zu meinen Fehlern aus Unwissenheit,
so daß ich nun Fortschritte machen kann.

Sie sollten mich jetzt losschneiden, niederlegen und Ihren Bericht schreiben. Es tut mir leid, wenn ich Ihnen Ärger bereitet habe. Währenddessen danke ich Ihnen und schwebe hinweg und bin schließlich doch noch von Ihrer infernalischen, aber heilsamen Einmischung befreit.

«Schweigen
ist eine gute Antwort»

Es war Nachsaison in dem Kloster, wo ich, wie man so sagt, den Zen-Buddhismus studierte. Ich hatte den Eindruck, daß ich im Grunde überhaupt nichts studierte. Meine Beine taten mir weh, wenn ich saß und meditierte, und meine Meditation bestand aus einer verschwommenen Mischung einer ganzen Menge Gedanken. Sie sagten mir, daß ich die Gedanken abstreifen müßte, aber es waren so viele, wie krabbelnde Ameisen, Millionen von Ameisen, die meisten von ihnen gierig und gefräßig, und es war schwer, gegen sie anzukämpfen. Ich konnte hin und wieder ein paar zerquetschen, aber sie wurden immer sofort durch andere ersetzt. Und jetzt hatte die Ausbildungssaison aufgehört, und die meisten Mönche waren fortgegangen. Auch der Lehrer war gegangen, und ich bat um Erlaubnis zu gehen.

«Wirst du zurückkommen?» fragte der oberste Mönch.

«Sicher.»

«Wann?»

«In einem Monat.»

Er verbeugte sich und schenkte Tee ein. Ich verbeugte mich. Wir tranken Tee. Wir verbeugten uns wieder. Ich verließ das Kloster innerhalb der nächsten Stunde. Ich hatte ein altes amerikanisches Motorrad und stopfte meine Kleider und einen Schlafsack in die Satteltaschen. Auf den Tank hatte ich eine Landkarte in einer Plastikhülle geklebt. Ich hatte keine Ahnung, wohin ich fahren würde, aber es ist immer nett, wenn man eine Karte hat. Die Karte war japanisch beschriftet, und ich konnte nur wenige der Schriftzeichen lesen, die die Ortsnamen angaben. Der Trip war ein Traum, und ich wurde von geheimnisvollen Hieroglyphen geleitet. Ich meinte, ich wäre gut vorbereitet.

Ich beabsichtigte, Richtung Westen zu fahren und dann in den Norden, wobei ich mich immer auf Landstraßen halten wollte. Ich beeilte mich nicht, hielt an Restaurants am Straßenrand an, um Nudeln und Fischsuppe zu essen, und ich schlief in einem kleinen Armeezelt neben meinem Motorrad. Es regnete ein paar Tage, und ich nahm die Einladung eines Bauern an, in seinem Haus zu übernachten. Wir lernten uns in einem Restaurant kennen. Er hatte mich begrüßt, und ich sagte irgend etwas auf japanisch, und schon bald entwickelte sich zwischen uns etwas, das sich fast wie eine Unterhaltung anhörte. Ich beherrschte nicht sonderlich viele Worte, und er sprach den örtlichen Dialekt, doch wir lächelten und verbeugten uns auch und leerten gemeinsam eine kleine Flasche Sake.

Sein Haus lag in der Nähe eines Dorfes, und am folgenden Tag ging ich einkaufen. Der einbeinige Amerikaner war ebenfalls einkaufen. Wir begrüßten uns mit einem «Guten Morgen» und setzten unsere Einkäufe fort, aber ich hatte Zeit gehabt, mir den Mann anzusehen. Er mußte gut an die fünfzig Jahre alt gewesen sein, und er hatte sich seinen großen Schädel rasiert, der glänzte und eine nußbraune Farbe hatte. Ganz offensichtlich verbrachte er eine Menge Zeit an der frischen Luft. Er ging auf Krücken und schaffte es, eine Tasche festzuhalten, die die Gemüse enthielt, die er gerade gekauft hatte. Er schwatzte mit dem Ladeninhaber, der ihn gut zu kennen schien, beugte sich herab, um mit einem Kind zu sprechen, und jeder, der ihm begegnete, grüßte ihn. Ein paar Minuten später begegneten wir uns wieder, als ich gerade mein Motorrad startete, doch mein energisches Antreten zeigte nur wenig Erfolg.

«Probleme?» fragte er.

«Sie ist lahm», sagte ich, «aber sie wird schon anspringen, wenn ich nicht lockerlasse.»

«Vergaser», sagte er. «Diese alten Harleys haben komische Vergaser. Sie haben einen Schwimmer wie bei einer Wasserspülung, und ein bißchen Schmutz kann schon ausreichen, um den Schwimmer festzusetzen. Und dann säuft der Motor ab. Genau das passiert jetzt auch. Sehen Sie?»

Er deutete auf ein Benzinrinnsal, das seitlich über den Vergaser tröpfelte.

«Ja», sagte ich, «von technischen Dingen verstehe ich nichts. Ich werde es reparieren lassen.»

«Ich werd das machen», sagte er, veränderte die Stellung seiner Krücken und sah sich den Motor wieder an. «Ich wohne dort drüben, in dem kleinen Haus in dem Feld hinter den Kiefern. Bringen Sie sie zum Laufen, und fahren Sie sie dann dort runter. Wir können zusammen zu Mittag essen. Von wo kommen Sie? England?»

«Holland», sagte ich.

Er dachte eine Weile nach und nickte dann ernst, bestätigte damit die Existenz meines Landes.

Die Tür des kleinen Hauses stand offen, und ich zog meine Schuhe aus und stieg auf die kleine Veranda. Ich konnte ihn sich im Haus bewegen, mit Töpfen klappern hören.

«Kommen Sie rein», sagte er, «heute gibt's gebackenen Fisch. In den Staaten nennen wir sie *suckers*, Süßwasserfische mit einem großen Maul. Sie sind ganz gut, wenn sie frisch sind. Und ich habe noch ein paar fritierte Auberginen, und Pickles, und Reis. In Ordnung?»

Für mich hörte sich das sehr gut an. Im Kloster aßen wir gekochten Kohl und eine scharfe Mischung aus einer Menge Gerste und ein wenig Reis. Schlichte Kost. Das hier klang für mich wie ein Festmahl, aber ich hatte während der letzten paar Tage ebenfalls gut gegessen, gebackene Nudeln und delikate Pickles in den Restaurants am Rande der Straße und sogar ein bißchen Brot, das ich mir im Ofen des Bauern aufgebacken hatte.

Das Haus war sehr sauber und leer. Die einzigen Gegenstände waren für den unmittelbaren Gebrauch bestimmt. Eine dünne Matratze, Kleider, Küchenutensilien, Gartenwerkzeuge. «Meine Werkstatt ist draußen», sagte er. «Ich repariere hauptsächlich Lastwagen und kleine Traktoren. Die Bauern bringen sie zu mir.»

«Verdienen Sie sich damit Ihren Lebensunterhalt?» fragte ich.

Er schüttelte den Kopf. «Nein. Ich berechne nichts. Sie bezahlen nur die Ersatzteile. Ich habe meine Pension.» Er zeigte auf das nicht vorhandene Bein. «Auf Okinawa verloren. In den Staaten haben sie das nicht vergessen und schicken mir jeden Monat einen Scheck.»

Er hatte zwei große Flaschen Bier geöffnet, und wir hoben die Gläser und tranken. Ich bedankte mich bei ihm für die Mahlzeit.

«Ist schon in Ordnung. Sie können über Nacht bleiben. Ich werde Ihr Motorrad dann morgen früh reparieren. Jetzt ist es schon zu spät. Wieso sind Sie in Japan?»

Ich erzählte ihm von meinem Aufenthalt in dem Kloster. Ich war schon ein Jahr dort, sagte ich ihm, und würde noch ein weiteres Jahr bleiben, vielleicht auch länger.

«Warum sind Sie dort?» fragte er.

«Um die Erleuchtung zu finden.»

Er lachte, schlug sich auf den Schenkel und wischte sich Tränen aus den Augen. Er lachte sehr lange. Vielleicht eine ganze Minute. Schließlich hörte er auf.

«Tut mir leid», sagte er.

Ich war gekränkt, allerdings nicht zu sehr. Ich war es gewohnt, ausgelacht zu werden. Die Mönche kamen in den Garten und sahen, wie ich an einen Baum pißte, und lagen sich dann hilflos in den Armen, während ich weiter pinkelte. «Genau wie ein Pferd», sagten sie dann und begannen wieder zu lachen. Auch in anderer Hinsicht amüsierte ich sie. Sie konnten einfach nicht verstehen, daß mir meine Beine weh taten, wenn ich in der Meditationshalle sitzen mußte, und sie lächelten, wenn ich dann herumhumpelte, mit einem gelähmten Bein wegen mangelnder Durchblutung.

Wir tranken mehr Bier und gingen auf die Veranda hinaus. Das Haus war auf einem niedrigen Hügel errichtet worden, und wir hatten einen guten Ausblick über das Land. Ich sah Kiefernwäldchen und die Dächer strohgedeckter Gehöfte, eine vierstöckige Pagode, die auf dem benachbarten Hügel thronte. Die Geräusche von Holzrasseln und einer Glocke wehten zu uns herüber.

«Das ist der alte Mann», sagte mein Gastgeber. «Er lebt dort oben ganz allein. Abends meditiert er immer für eine Stunde, und er gibt immer die richtigen Signale. Einmal Rasseln und viermal Klingeln, wenn er beginnt, einmal Klingeln und zweimal Rasseln, wenn er aufhört.»

«Genau wie im Kloster», sagte ich.

«Ja. Der alte Mann hat denselben Glauben.»

«Glauben?» fragte ich.

«Wie immer Sie es nennen wollen», sagte er langsam. «Ich habe der Sache einfach nur einen Namen gegeben. Es hat keinen Namen.»

«Kennen Sie den alten Mann?» fragte ich.

«Er ist mein Lehrer.»

Er ging ins Haus und kam mit sechs Flaschen wieder zurück. Es waren große Flaschen, und ich bereitete mich vor, betrunken zu werden. Es machte mir nichts aus, betrunken zu werden, aber es konnte nichts schaden, darauf vorbereitet zu sein.

«Und wie lange sind Sie nun schon hier?» fragte ich.

Er sprach einige Zeit mit mir. Er war mit den Marines hergekommen, und er hatte vier Tage gekämpft, als er sein Bein verlor und zurück auf ein Schiff gebracht wurde, später dann zurück in die Staaten. «Ich habe eine Menge Soldaten getötet, bevor ich das Bein verlor. Hundert vielleicht. Ich habe sie mit

einem Maschinengewehr erschossen, sie kamen auf uns zuge-
stürmt, und ich habe sie einfach immer weiter umgebracht.
Dort lag ein ganzer Haufen Leichen, und sie sind über sie weg-
gekrochen, und ich habe immer weiter geschossen.»

Ich murmelte irgend etwas. Ich war zu jung für den Krieg
und wußte nicht, von was er da redete. Ich hatte einmal eine
Ratte getötet, mit einem Schürhaken, und ihre Jungen hatte ich
auch umgebracht. Die Ratte war in der Garage des Hauses meines Vaters gewesen. Ich hatte in letzter Zeit oft an die Ratte
und ihre Jungen gedacht, wenn ich eigentlich meditieren sollte.

«Aber wieso sind Sie zurückgekommen?»

«Ich habe immer wieder von den toten japanischen Soldaten
geträumt», sagte er, «und dann sah ich sie auch, wenn ich wach
war. Ich sah, wie sie über ihre eigenen Leichen krochen, und ich
schoß immer weiter auf sie. Ich bin zu einem Psychiater gegangen, doch das half auch nicht besonders viel. Nach einem Jahr
Behandlung sah ich sie immer noch. Dann bin ich zurückgekommen. Ich bin eine Weile herumgezogen und habe mich
schließlich hier niedergelassen. Vor zehn Jahren.»

«Es muß Ihnen hier gefallen.»

«Ja», sagte er, füllte mein Glas nach. «Heute repariere ich
ihre Maschinen, das ist konstruktiver.»

«Und die toten Soldaten sehen Sie immer noch?»

«Manchmal.»

Die Sonne ging hinter der Pagode unter. Es war die Zeit des
Abends, zu der alles plötzlich sehr exakt wird. Die Zweige der
Bäume zeichneten sich scharf gegen den pastellfarbenen Him-
mel ab, und die Pagode sah aus, als wäre sie aus der Wolke
geschnitten worden, die unmittelbar hinter ihr saß und deren
Ränder in einem dunklen Orange loderten.

Ich zeigte auf den Tempel.

«Und er lebt dort? Ihr Lehrer?»

«Ja. Er ist ein Priester.»

«Ein Meister? Ein Zen-Meister?»

Er zuckte mit den Achseln. «Ich weiß nicht, was Zen bedeutet, und ich habe ihn nie gefragt, ob er ein Meister ist. Er ist schon sehr alt. Achtzig, glaube ich. Ich habe ihn im Dorf kennengelernt, ich war damals ungefähr ein Jahr oder so hier, und ich lernte gerade die Sprache. Es geht schnell, wenn man nichts anderes hört. Sie sind der erste *gaijin*, den ich seit Jahren getroffen habe, die Touristenbusse kommen nicht bis hierher.»

«Was hat er gesagt?»

«Er sagte mir, ich sollte kommen und ihn besuchen. Was ich auch getan habe, noch am selben Nachmittag. Er lehrte mich, daß ich mich zur Meditation hinsetzen sollte, und er sagte, daß ich jeden Tag zwei Stunden so verbringen sollte. Ich mußte um zwei Uhr nachts aufstehen und um vier aufhören. Dann mußte ich zu ihm kommen.»

«Er hat Ihnen befohlen, das zu tun?»

Er neigte seinen Kopf, und sein Schädel glänzte. «Ja. Er wußte, warum ich hergekommen war. Seit damals bin ich fast jeden Tag zu ihm gegangen. Morgen nicht, deswegen kann ich heute abend auch trinken. Ich trinke gern, aber ich kann nicht zu ihm gehen, wenn ich eine Fahne und Kopfschmerzen habe.»

«Haben Sie es jemals versucht?»

«Nein.»

«Hat er Ihnen ein *koan* gestellt?»

Er nickte, aber ich fragte ihn nicht, wie das *koan* gelautet hatte. Es gehört sich nicht, über *koans* zu sprechen. Das hatte mir mein eigener Lehrer gesagt. Im Kloster sah ich ihn jeden Morgen und jeden Abend. Auch ich hatte ein *koan* erhalten, doch ich hatte es nicht verstanden. Ich verstand nicht mal, worin die Frage eigentlich bestehen sollte, und niemand wollte es mir erklären. Ich mußte es selbst herausfinden.

Ich wollte ihn fragen, ob er eine Antwort auf sein *koan* gefunden hatte, aber ich dachte, ich sollte besser nicht.

«Ich habe mein *koan* nicht gelöst», sagte er eine kleine Weile später, «aber ich bin fast jeden Tag zu ihm gegangen. Normalerweise schläft er, wenn ich mich vor ihm verbeuge, er ist alt und nicht bei bester Gesundheit. Früher habe ich ihn immer geweckt, und dann hat er mich angesehen und gesagt: ‹Was, was?›, und er hat seine Glocke geläutet. Wenn er seine Glocke läutet, muß ich gehen. Heute wecke ich ihn nicht mehr. Ich gehe einfach nur hinein, verbeuge mich, warte eine Minute und gehe wieder.»

«Scheiße», sagte ich.

«Entschuldigung?»

«Scheiße», sagte ich.

Er lachte. «Ja, das klingt ganz schön dumm, häh? Aber nicht für mich. Er ist da, wenn ich ihn besuchen gehe, das reicht. Ich verlange nicht mehr allzuviel. Ich repariere Maschinen, und die Bauern bringen mir Gemüse und Reis und manchmal etwas Fleisch. Ich kann mein eigenes Holz hacken, und ich besitze ein motorisiertes Dreirad, mit dem ich einen Kubikmeter Holz transportieren kann, also kann ich losfahren und es mir selbst besorgen. Manchmal brauche ich nicht mal meinen Scheck. Ich habe vergangenes Jahr für die Reparatur der Pagode bezahlt. Nur für das Material. Die Arbeit ist von den Leuten hier aus der Gegend gemacht worden.»

«Hat Ihr Lehrer noch andere Schüler?»

«Nein, nur mich. Er ist im Ruhestand. Ganz in der Nähe gibt es ein Kloster mit einem jüngeren Lehrer. Er hat ein halbes Dutzend Laien-Schüler; ich habe ihn kennengelernt, aber er ist nichts für mich. Ich bin jetzt der Sohn des alten Mannes.»

«Aber er schläft doch», sagte ich und trank noch etwas Bier. Ich würde vorsichtig sein müssen, das Haus begann bereits zu schwanken, und ich mußte immer noch meinen Schlafsack vom Motorrad holen. Er gestikulierte, wischte meinen Einwand beiseite.

«In San Francisco hatte meine Mutter eine kleine Miniatur-Pagode», sagte er, verzögerte seine Worte dabei ein wenig. «Sie war aus Elfenbein und hatte vier Etagen, genau wie die dort drüben. In der ersten Etage befand sich eine winzige Tür. Ich machte diese Tür immer auf und linste hinein, doch dahinter war nichts. Das machte mich immer ganz traurig. Die Pagode war so schön, sie hatte eine Turmspitze, die auf den Himmel zeigte, und kleine, schmale Veranden, die sie umgaben. Sie zeigte irgendwohin, aber sie war leer. Diese Pagode dort drüben ist nicht leer.»

«Aber er schläft doch», sagte ich störrisch. «Er weiß doch gar nicht, daß Sie gekommen sind, um ihn zu sehen. Sie haben zwei Stunden gesessen und meditiert, und irgend etwas ist in Ihnen geschehen. Sie sind gekommen, um ihm davon zu erzählen, aber er weiß es nicht.»

«Schweigen ist eine gute Antwort», sagte mein Gastgeber.

Ich setzte mein Glas ab. Es waren immer noch einige Flaschen da, doch ich hatte genug. Ich holte meinen Schlafsack. Als ich wieder zurückkam, hatte er aufgeräumt und gab mir ein hartes kleines Kissen. «Wie kommen Sie übrigens dorthin?» fragte ich, bevor ich einschlief.

«Ich gehe zu Fuß.»

«Der Weg ist steil, es muß eine halbe Meile oder sogar noch mehr sein. Und Sie haben nur ein Bein.»

Eine Hand kam unter seiner wattierten Decke heraus und berührte meine Schulter.

Er lachte leise.

Die Stufen des Weges

Bernd Jost, Herausgeber im Rowohlt Verlag, der diesen Ge-
schichtenband angeregt hat, bat mich, einige dazu passende
buddhistische Illustrationen beizusteuern, einige besonders
schöne Zen-Zeichnungen. Ich habe einen vergnüglichen,
schneereichen Nachmittag in meiner Hütte mit Blick auf eine
vereiste Bucht damit verbracht, verschiedene Erinnerungs-
stücke durchzusehen. Dabei fand ich vier Zen-Zeichnungen.

Sie wurden von berühmten Japanern des achtzehnten Jahr-
hunderts gezeichnet, unter anderen von Hakuin, einem
Mönch, der ein einfaches Leben führte und lehrte, daß direktes
Wissen allen zugänglich ist, sogar so wenig hochstehenden
Menschen wie mir oder womöglich Ihnen oder vielleicht je-
mandem, den Sie kennen. Hakuin zeichnete die beiden
menschlichen Figuren. Die strohgedeckte Hütte wurde von
Omori Sogen gezeichnet, dem Abt des Tempels Koho-in. Die
Kalligraphie auf dem letzten Bild ist von Noritake Shunan, dem
Meister von Reiun-in.

Erstes Bild (Hakuin)

Der Mönch, müde von der langen Reise, setzt sich nieder und grübelt.
Warum dieses ruhelose Herumwandern? Ist der «große Zweifel» die
Mühe wert? Die Suche nach Sinn – hat sie überhaupt einen Sinn? Gibt
es einen sicheren Platz inmitten des ganzen leidvollen Tumults, an dem
wir die Ruhe erfahren können, die zur Freiheit führt?

Zweites Bild (Omori Sogen)

Plötzlich, nach einer überraschenden Wendung auf unserem gewundenen Pfad sehen wir unser ursprüngliches Zuhause, von dem alles aus-
geht und zu dem alles zurückkehrt. Nach einer langen *sadhana* ist hier
unser wahrer Platz des Seins. Wir brauchen nur einzutreten.

Drittes Bild (Hakuin)
In der einfachen Hütte der wahren Leere sitzen wir still und erfahren
die Ruhe, die der Befreiung von unseren Begierden folgt.

Viertes Bild (Noritake Shunan)
Das Schriftzeichen steht für das Erreichen der vollkommenen Freiheit,
die man nach der Heimkehr erfährt, indem man ruhig sitzt.

Schuld und Sühne
im zeitlosen Japan
oder
«Der tanzende Mönch»

*(Nach einer «Miniatur» des einäugigen und körper-
behinderten Journalisten Lafcadio Hearn [1850 bis
1904], halb irischer, halb griechischer Abstammung,
der sich im Alter entschied, japanischer Staatsbürger
zu werden und sich dort niederzulassen. Ich habe
Hearns Version einer Zen-Legende bearbeitet und
einige meiner eigenen Erfahrungen als «Zen-
Mönch» im Japan der 50er Jahre hinzugefügt.)*

Als junger Mann habe ich einige Zeit in einem Zen-Kloster in Kyoto zugebracht, einen beträchtlichen Teil meiner Zeit, wie mir heute scheint, denn tieferfahrene Bewußtseinserweiterung dehnt sich aus in der Erinnerung. Dieses buddhistische Kloster war Teil eines Tempelareals, und für jeden Tempel war ein eigener Priester verantwortlich. Diese Priester unterschieden sich in der Rangordnung, und je höher ihr Rang war, desto farbenprächtiger waren ihre Gewänder. Einmal im Monat versammelten sie sich im reichgeschmückten Haupttempel zum Tanzen (nicht im Kloster, denn im Kloster lernten die Zen-Schüler, wie sie mit Übungen und Meditation die Erleuchtung erlangen können).

Ich habe mir diese Priestertänze angesehen. Einige der jungen Mönche, meine Freunde aus dem Kloster, kümmerten sich um die Musik. Es gab einen Schlagzeuger, einen Perkussionisten, einen Typ an den Gongs, und alle sangen. Das Singen klang so wie in den surrealen japanischen Filmen heutzutage: hohe, durchdringende Töne, die plötzlich abbrechen, als ob jemand die Kehle des Sängers durchgeschnitten hat – heiseres Stöhnen, pochende Rhythmen und gelegentlich jazzige Ausbrüche mit Scat oder Rap und sogar Gesänge, die jedem Trommelschlag einen ganzen Text zuordneten. Während die Mönche ihren Tanz aufführten und die weiten Ärmel ihrer schwarzen Gewänder flattern ließen, schlurften die ehrwürdigen Priester in ihren Brokat- und Seidengewändern umher. Einer der Priester, ein Bonze namens Roku, war größer und dicker als alle anderen. Er konnte seine platten Füße erstaunlich schnell heben und seine Körpermasse erstaunlich behende bewegen und vollführte sogar Solotänze, während seine leichtfüßigen Glaubensbrüder ihn begleiteten. Dieser Startänzer war ein hochrangiger Priester. Er war der einzige, der ein Auto besaß (damals, in den 50er Jahren, gab es nur wenige Autos). Roku-san beeindruckte mich sehr. Auch die Mönche waren von ihm beeindruckt, grinsten immer voller Neid und schlugen sich auf den Hintern (eine spöttische Geste der japanischen Unterschicht), wenn sie seinen Possen beiwohnten. Aus dem, was man sich erzählte, vernahm ich, daß der «Beerdigungspriester» Roku gute Gewinne machte, indem er sich um die toten Reichen kümmerte und ihren Seelen einen sicheren Übergang in den buddhistischen Himmel garantierte. Ich wurde damals von Krämpfen in den Beinen und Hämorrhoiden geplagt (das kam von den Meditationen im Lotussitz) und hatte keine Gelegenheit, den Werdegang des tanzenden Priesters zu erforschen. Meine Fragen nach seiner Herkunft blieben offen.

Fragen formulieren Antworten, und diese spezielle Frage tauchte in einem meiner Träume auf. Der Traum beantwortete auch andere Fragen. Und obwohl Zen sich nicht besonders um die Fragen von Gut und Böse kümmert, da es sich mit jener Leere beschäftigt, die jenseits von Verbrechen, Rache oder Sühne existiert, und Vergehen eher mit Unwissenheit entschuldigt und weniger anklagt, fragte ich mich, ob ein Zen-Priester wohl habgierig sein darf.

Vielleicht liegt es an meinem besonders visuellen Gedächtnis. Ich erinnere mich an viel Verwerfliches, das in diesem Kloster passierte, an viele menschliche Schwächen. Einige Priester zogen sich Anzüge an, verbargen ihre kahlen Köpfe unter Hüten und kletterten über die Klostermauern, um sich hastig ins Vergnügungsviertel zu begeben, wo sie jene Spenden verpraßten, die ihnen die zum ewigen Leiden verdammten Laien zukommen ließen, wenn sie, die Papa-sans und Mama-sans, an den Sonntagen uns besuchten, um ihre Ersparnisse zu verteilen. Hot dogs wurden in vegetarischen Küchen verspeist. Zigaretten aus dunklem Tabak wurden in Reiswein getunkt, bevor ihr aufputschender Rauch eingesogen wurde. Kleine Transistorradios wurden in Ärmeln versteckt und während der Meditationsstunden mit Ohrhörern benutzt. All das machte mir nichts aus, wohl aber Roku, dem Priester, der über den Tempelhof wirbelte mit seinen herumfliegenden orange und rot gefärbten Seidenschals, den grotesk gestikulierenden Ärmeln und den Sonnenstrahlen, die auf seinem schwitzenden fetten Schädel glänzten – bei seinem Anblick fragte ich mich, ob vom Tao, dem Weg der Rechtschaffenheit, dem Weg des Nichts und der Weisheit, den ich gehen wollte, überhaupt noch etwas übriggeblieben war.

Man wird ja wohl noch mal fragen dürfen ...

Die Zeit verging. Ich verließ das Kloster und zog zu einem französischen Geschäftsmann, der in einem wohlhabenden Vorort von Kobe lebte. Die Küche des Hauses leitete ein chinesischer Koch, und ich bekam andauernd Nudeln (mit Beilagen natürlich) als Lohn dafür, daß ich die Kunstsammlung meines Gastgebers katalogisierte. Meine Arbeitszeit war kurz, und ich hatte die Wochenenden frei. Ich konnte sogar mein eigenes Badezimmer benutzen, und dort saß ich dann zwischen weißen leuchtenden Lilien und erfreute mich am Frühlingswind, während ich ab und zu meinen Blick hob und mein Nachsinnen über die Weisheit auf der Comic-Seite der Wochenendzeitung unterbrach, um den Wald auf einer Erhebung am Horizont zu betrachten. Ich bekam nie heraus, was ich dort eigentlich betrachtete. War dort ein Schrein versteckt zwischen den Pinienbäumen, ein kleiner buddhistischer Tempel mit einem schiefen Dach? Bewegte sich dort unter dem Dach etwas, ein grauer Schatten? Ein tanzender Schatten?

Ich verbrachte ebenfalls viel Zeit damit, durch die kleinen und diskret geöffneten Fenster des Badezimmers auf die zahlreichen, aus Papier und Holz gebauten Häuser hinunterzublicken. Die Villa des Franzosen befand sich auf einem Hügel, und man konnte von dort auf diese aus Fertigteilen gebaute Siedlung hinunterblicken, die recht schnell anwuchs. In diese pittoreske Altjapanische-Siedlung-mit-modernem-Komfort sollten, so sagte man mir, bald Staatsangestellte der mittleren Laufbahn einziehen. Bald schon kamen die ersten Auserwählten, und ich sah Männer in bequemen Baumwollkimonos, die ihr Wochenende genossen, indem sie es sich auf ihren mit Strohmatten ausgelegten Fußböden bequem machten in ihren Räumen, die kunstvoll spärlich eingerichtet waren, und sich von ihren anmutig knienden Ehefrauen grünen Tee und Seetangkekse auf rotlackierten Tabletts servieren ließen, während die Kinder draußen in den moosbewachsenen Gärten zwischen den dekorativen Büschen herumtollten. Ich sah auch einen älteren Mann sich an die Brust fassen und vornüberkippen, seine Frau oder Haushälterin zum Telefon laufen, einen Krankenwagen zu spät und einen Priester zur rechten Zeit kommen. Die singende Stimme des Priesters und der Duft der Räucherkerzen wehten hinauf zur Villa des Franzosen.

In dieser Nacht unterhielt mich Monsieur de Monnaie, mein Wohltäter, und sein chinesischer Koch kochte all jene Gerichte, von denen es hieß, die Kaiser der T'ang-Zeit hätten sich damit verwöhnen lassen. Wir tranken auch den ganzen Schnaps aus, bevor wir zum Bier wechselten. Mein Gastgeber erzählte in mehreren Sprachen von seiner glorreichen Vergangenheit und seinen derzeitigen Plänen und verlor seine neuen Zähne, die zu Boden fielen und von den koreanischen Dienern aufgehoben wurden. Erschöpft von diesem geselligen Zusammensein und meiner Teilnahme daran, schaffte ich es irgendwann, in mein Zimmer zu wanken und fiel dort in einen unruhigen Schlaf.

Im Traum reiste ich in Japans unbewohnbaren Westen. Ich war ein Mönch. Der Zen-Meister des Klosters in Kyoto hatte mich von den Versuchungen in Kobe abberufen und mich für weitere Studien aufs rauhe Land geschickt. Auf zerschlissenen Sandalen war ich den ganzen Tag lang über gefrorene Sümpfe gewandert und froh, als ich endlich einen Schrein im Schatten von Pinienbäumen erreichte, der auf einer Anhöhe errichtet worden war. Ein alter, zahnloser Einsiedler in einem geflickten grauen Gewand hieß mich nicht direkt willkommen.

«Hochwürden», sprach ich ihn an, «ich bin ein demütiger Mönch der Rinzai-Sekte» – als ob er das nicht bemerkt hätte, ich trug schließlich den gleichen, aus Knochen gefertigten Ring am Gewand wie er – «und auf der Suche nach Erleuchtung und ganz speziell auf der Suche nach einem Quartier für die Nacht. Wie geht es Ihnen? Und bitte seien Sie mir gefällig.»

Der grobschlächtige Kerl verwies mich barsch an das Dorf jenseits der Anhöhe.

Die Dorfbewohner hatten bessere Manieren als der Einsiedler. Etwa fünfzig Leute hatten sich im Bürgerhaus versammelt und bestimmten einen Dorfrat, der mich in sein Haus führte, mich verköstigte und mir ein Bett gab.

«Entschuldigen Sie, Hochwürden», sagte der Dorfrat, «aber im Bürgerhaus findet eine wichtige Versammlung statt, die meine Anwesenheit erfordert.» Und er lief davon.

Mir schien, daß ich nur wenige Minuten geschlafen hatte, als mein Gastgeber schon wieder zurückkam.

«Entschuldigen Sie, Hochwürden.»

«Ja?» Ich rieb mir die Augen.

«Bitte.» Er war den Tränen nahe. «Mein Vater, der Dorfvorsteher, er ist heute gestorben. Und da Sie ein heiliger Mann sind, obwohl Sie blaue Augen haben und unserer Sprache kaum mächtig sind, und weil Sie vorhin so müde und hungrig waren, wollte ich Sie nicht mit meinen Sorgen belasten und habe Sie einige Stunden schlafen lassen. Doch in wenigen Stunden ist Mitternacht, und alle Dorfbewohner bereiten sich darauf vor, den Ort zu verlassen.»

«Haben Sie ein Problem?» fragte ich.

«Sie müssen mit uns kommen, Hochwürden.» Der Dorfrat erklärte mir seine schwierige Lage. Offensichtlich gab es in diesem Dorf ein Tabu in bezug auf Verstorbene: Sie mußten in der Nacht allein gelassen werden. Es gab eine Scheune einige Kilometer entfernt, wo alle Dorfbewohner bequem übernachten konnten. Am Morgen würden wir dann alle wieder zurückkehren.

Ich hatte keine Lust, schon wieder loszuziehen, und erinnerte mich daran, daß ich ein Mönch war. «Dorfrat-san, zeigen Sie mir bitte die sterblichen Überreste Ihres Vaters.»

Der alte Mann lag, angezogen mit seinen besten Gewändern, auf einem langen Tisch. Kerzen und Räucherstäbchen brannten. Reiskuchen und verschiedene Süßigkeiten häuften sich in Schalen.

«Ich werde hierbleiben», sagte ich, «und die nötigen Gebete des Todes und der Wiedergeburt singen.»

«Wir werden Sie morgen früh bezahlen, Hochwürden.»

Voller Angst hob ich meine Arme, denn ich erinnerte mich an die Verführungen, denen ich in Kobe ausgeliefert gewesen war: «Keine Bezahlung!»

Die Dorfbewohner gingen davon, und ich setzte mich in der korrekten Haltung neben die Leiche des Dorfvorstehers (gerader Rücken, Bauch nach vorn gedrückt), zog mein Gewand zurecht, betätigte meine Glocke und sang meine Gebete.

Mitternacht näherte sich, und ich mußte eingenickt sein, aber ein kalter Schauer weckte mich, und ich bemerkte, wie ein grauer gedrungener Schatten das Haus betrat. Ich schlug meine Glocke, aber sie blieb stumm. Ich versuchte zu singen, doch meine Kehle war zugefroren. Der graue Schatten beugte sich über den Kopf des Verstorbenen und verschluckte ihn in einem Stück. Den restlichen Teil der Leiche verschluckte er ebenfalls, und dann machte sich der Schatten über die Süßigkeiten her. Ich konnte nichts weiter tun als zittern. Dann stand der Geist auch schon in der Tür, stöhnte, verbeugte sich und verschwand.

Bei Tagesanbruch kehrten die Dorfbewohner zurück und

wunderten sich keineswegs darüber, daß ihr verstorbener Ortsvorsteher verschwunden war. «Das passiert jedesmal», erklärte der Ratsherr. «Natürlich sparen wir die Begräbniskosten, aber wir mögen es trotzdem nicht. Vielen Dank, daß Sie über Nacht geblieben sind, Hochwürden, können Sie uns erzählen, was passiert ist?»

Ich erzählte es ihm und den anderen Einwohnern.

Eine schöne junge Frau kniete vor mir nieder und bat mich, den Ort von seinem Fluch zu befreien.

«Natürlich nicht umsonst», fügte der Ratsherr hinzu.

Ich erinnerte mich an Kobe und an meinen strengen Zen-Meister, der meinen schwachen Geist kannte und mir gedroht hatte, er würde mich auf falsche Erkenntnispfade schicken, solange bis ... Das hatte er nie gesagt. Die junge Frau lächelte süß. Ich schielte fürchterlich: «Keine Bezahlung, wenn ich bitten darf.»

«Was für ein heiliger Mann», seufzte die junge Frau.

Was mich an etwas erinnerte: Sie hatten doch einen eigenen Heiligen. Ich fragte nach dem Einsiedler auf der Anhöhe.

«Wer?» fragten die Dorfbewohner.

«Mein Mitbruder aus dem Rinzai-Kloster», sagte ich. «Der alte Knabe mit dem Knochenring an der Kutte.» Ich berührte meinen eigenen: «So wie dieser.»

Leere Blicke.

«Er hat einen Tempel dort oben auf dem Hügel.» Ich zeigte darauf.

Kein Tempel, kein Einsiedler, kein Ring, versicherten sie mir.

Ich verließ sie und begab mich zur Anhöhe. Der Tempel war immer noch dort und der Einsiedler ebenfalls.

«Du also», sagte ich. Er war der Schatten gewesen, der den Ortsvorsteher und seine ganzen Süßigkeiten verspeist hatte, und tatsächlich war es Roku, der tanzende Priester aus dem Kloster in Kyoto. Er sei, so erklärte er mir, die Verkörperung aller hochrangigen tanzenden Priester, die «in Beerdigungen machten», den schmerzlosen Übergang ins Jenseits garantierten, gepfefferte Rechnungen schrieben, nach Cadillacs, Rolls-Royces, Infinitis und Luxus gierten und mit den Geishas der Stadt verkehrten.

Das lockere Leben. Der Fettwanst auf dem Lande.

«Doch sieh nur, wohin es mich gebracht hat», jammerte der Einsiedler. Und seine Umrisse verschwanden, wie auch sein Tempel.

«Hilfe, Hilfe!» Seine schwache Stimme verfolgte mich, als ich weitermarschierte, über verschneite Berge und eisige Pfade.

Ich erinnerte mich an die Bitte der schönen jungen Frau, an die schwierige Lage der Dorfbewohner, an die Ermahnungen meines Meisters. «Na gut», sagte ich mir, «ich leide so sehr, daß ich auch noch dein Leid auf mich nehmen kann. Fahr zum Himmel, Roku-san!»

Man sollte vorsichtig mit solchen Angeboten sein, selbst dann, wenn man hübschen Frauen aus Träumen imponieren will. Auch der Drang, Heiligkeit zu erlangen, ist geprägt von Selbstsucht. Und abgesehen davon wird in Alpträumen nicht vergeben. Bald schon war ich ein böser Geist, der Leichen in kleinen Dörfern verspeist.

Ich erwachte.

An diesem Tag nahm ich mir frei, und anstatt Kunstwerke zu katalogisieren, machte ich einen Spaziergang hinter dem Anwesen des Franzosen. Jenseits des Ortes betrat ich den Wald, den ich von meinem Badezimmer aus gesehen hatte. Es gab dort Pinien, aber nichts weiter. Ich hatte erwartet, wenigstens einen zerbrochenen Grabstein zu finden, von Flechten überzogen, auf dem mit kaum noch lesbaren Buchstaben eingeritzt worden war, daß hier einst ein Mönch begraben worden war. Ein habgieriger Mönch.

Also ging ich zurück. Am Abend, als ich aus dem Badezim-

mer blickte, entdeckte ich wieder einen seltsamen verschwommenen Fleck zwischen den Pinien am Horizont. Ein Schrein,
dachte ich. Und von diesem Schrein löste sich ein grauer Schatten, der zu tanzen begann und sich verbeugte. Er winkte, hob
ein Bein, sprang und war für immer verschwunden.

Tempelbesuch in Japan

Das muß früher schon einmal so geschehen sein, dachte ich, als ich mir über meine Einstellung zu dem japanischen Polizeioffizier klarzuwerden versuchte. Inspektor Saito saß auf einem Kunststoffhocker neben meinem Bett. Er lächelte mich an, aber eigentlich nur mit den Augen, denn seine Lippen bewegten sich kaum.

«Wie geht es Ihnen?» erkundigte sich der Inspektor.

Der Polizeioffizier, der meinen Vater vor etwa vierzig Jahren in einem Vorort des damaligen Batavia verhörte, war weniger höflich gewesen. Mein Vater war Hauptmann der niederländischen Armee, und ein paar seiner Leute waren aus dem Kriegsgefangenenlager geflohen. Die Ausgebrochenen wurden nicht mehr gefunden, und der japanische Major machte meinen Vater für die Flucht verantwortlich. Wer schuldig ist, der wird bestraft, und mein Vater wurde regelmäßig verhört und verprügelt. Jetzt war ich also wohl an der Reihe.

Ich stöhnte.

«Tut mir leid», sagte Saito, «aber ich gehöre hier in Kyoto zur Abteilung Kapitalverbrechen, und es ist meine Aufgabe, die Schurken zu fassen, die Ihnen so übel mitgespielt haben. Zwar ist es mir peinlich, daß ich Sie belästigen muß, aber ich bin schon froh, daß Sie nach Auskunft des Arztes keinen bleibenden Schaden davontragen. Fällt Ihnen das Sprechen schwer?»

Meine Brille war noch nicht repariert, und ich mußte mich anstrengen, den Inspektor überhaupt sehen zu können. Ich befühlte die Blutkrusten auf meinem Gesicht. «Ich kann sprechen», antwortete ich heiser.

«Dann erzählen Sie bitte, was geschehen ist.»

«Ich erkundigte mich bei zwei Männern, die hinter mir gingen, nach dem Weg zum Kotokuji-Tempel. Die haben mich dann zusammengeschlagen.»

«Saaah», machte Saito leise. Seine Stimme klang mitfühlend, aber die Neugier schien doch zu überwiegen. «Alte Männer? Junge Männer?»

«Schätzungsweise dreißig Jahre alt. Sie trugen verschlissene Jeans, Tennisschuhe und Lederjacken. Kurzgeschnittene Haare. Einer trug eine kleine Brille mit runden Gläsern.»

«Und weshalb, glauben Sie, haben die Männer Sie verprügelt?»

Ich versuchte, die Stellung zu wechseln. Meine Beine fühlten sich lahm an, aber die Zehen konnte ich ohne weiteres bewegen. Vor allem die Fußgelenke schmerzten. Ich erinnerte mich noch genau, wie die beiden Kerle mich mit Fußtritten zu Boden geworfen hatten und dann auf mich gesprungen waren.

«Ich wüßte nicht, weshalb. Sie sind mir vorher noch nie begegnet.»

Inspektor Saito bot mir eine Zigarette an und gab mir Feuer.

Mein Vater hatte mir erzählt, daß sie ihm auch schon mal eine Zigarette angeboten hatten. Der Major, der ihn verhörte, sprach im allgemeinen mit gedämpfter Stimme, höflich, genau wie dieser Saito. *Déjà vu* – die gleiche Situation, nur eine Generation später. Ich spürte, und darüber wunderte ich mich nicht einmal, daß ich diesen wohlerzogenen jungen Mann in seinem dunkelblauen Anzug mit tadellos weißem Hemd und schmalem, schwarzem Schlips haßte. Für einen Japaner war er großgewachsen, etwa wie ich, einen Meter fünfundachtzig. Er sah auch recht gut aus, obwohl er leicht abstehende Ohren hatte.

Ich fragte mich, ob die Männer, die mich getreten und geschlagen hatten, auch zur Polizei gehörten, ob dies alles etwa nur eine Schmierenkomödie war, mit der man nichts anderes beabsichtigte, als mich zu demütigen, mich weich und hilflos zu machen. Vielleicht wußten sie, daß ich für die niederländi-

sche Elektronikindustrie arbeitete und daß ich nach Japan gekommen war, um zu sehen, ob ich etwas mitnehmen oder erkunden könnte, was unsere eigene Position verbesserte. Kyoto
ist eine Tempelstadt, in der heilige Kunstschätze aufbewahrt
werden, und hier wohnen auch moderne Künstler. Merkwürdig, daß ich ausgerechnet in Kyoto zusammengeschlagen
wurde, aber vielleicht waren sie mir vom Industriezentrum
Kobe-Osaka aus gefolgt. Mein Hauptinteresse gilt der super-
modernen Technik, der Kunst, die uns einmal zu den Sternen
bringen wird, falls unser Planet die menschliche Erfindungs-
gabe überlebt. Es wäre ja auch möglich, daß dieser Inspektor
Saito überhaupt nicht zur Polizei gehörte, sondern zu irgend-
einem zweifelhaften Geheimdienst.

«Erzählen Sie mir doch bitte einmal», erkundigte Saito sich,
«was Sie zum Besuch unserer Stadt bewogen hat.»

«Ich bin Tourist», antwortete ich.

Er nickte verständnisvoll. «Ja, unsere Tempel sind sehr
schön, und sie inspirieren den Geist. Viele Touristen kommen
hierher, um die alte Atmosphäre der Ruhe noch einmal auf sich
einwirken zu lassen, wenn auch nur ganz kurz, ehe sie wieder
der hektischen Selbstsucht verfallen. Aber Sie wurden überfallen, verletzt. Das erscheint mir recht merkwürdig, vor allem
auch unlogisch. Meinen Sie nicht auch? Dennoch hat jedes Geschehen eine Ursache, die einen logischen Zusammenhang
hat.»

«So?» fragte ich, während ich zugleich versuchte, den
Aschenbecher zu mir her zu schieben, aber mein Arm
schmerzte zu sehr.

Er schob das Schälchen in meine Richtung. «Gewiß», antwortete er, als wollte er mich beruhigen. «Tiefere Einsicht
kommt im allgemeinen nicht auf logische Weise zustande, aber
was sie uns bietet, läßt sich immer auf irgendeine Weise durch
Logik ergründen.»

«Tatsächlich?» fragte ich spöttisch.

«Ja.» Seine Stimme hatte noch immer den gleichen freund-
lichen, ja sogar unterwürfigen Klang. «Das dürften Sie doch
wohl wissen, denn Sie sind doch Mathematiker und Physiker?»

Woher wußte er das? Ich war kaum bei Bewußtsein gewesen,
als die Sanitäter mich fanden. Wie ich dann ins Krankenhaus
gekommen war, wußte ich noch viel weniger.

«Wir haben uns Ihre Papiere angesehen», erläuterte Saito,
der meine Verwunderung offenbar spürte. «Darin ist auch Ihr
Beruf angegeben.»

«Ja, natürlich.»

«Ursache und Folge.» Er sprach leise, aber sein Englisch war
gut, die Aussprache klang sogar perfekt.

Ich antwortete ebenso leise: «Zwei Kerle haben mich zusammengeschlagen. Ohne ersichtlichen Grund. Ich habe sie bloß
gefragt, wie ich zum Kotokuji-Tempel käme.»

«Aber es gibt immer einen Grund», protestierte Inspektor
Saito. Er hob seine Hände, in der einen eine Zigarette haltend,
und beugte sich so tief, daß ich glaubte, er würde vornüberkippen.

«Vielleicht einen metaphysischen Grund?»

«Vielleicht verstehe ich, was Sie meinen», flüsterte ich.

Seine Ruhe wirkte besänftigend, obwohl ich jetzt noch eine
größere Abneigung gegen ihn verspürte. Ich fühlte mich in der
Rolle meines Vaters, gefesselt auf der Folterbank einer stinkenden und heißen Zelle, und er war der kleine Major mit seinen
Säbelbeinen, die mein Vater so oft beschrieben hatte. Er ver-
hielt sich nur deshalb so beherrscht und freundlich, weil er
meine schwachen Stellen finden wollte, damit er mich anschließend desto grausamer foltern konnte. Mein Vater hatte
oft mit seinem Henker diskutiert, damit die Zeit schneller ver-
flog und um die Schmerzen zu betäuben. Das könnte ich jetzt
auch tun. «Hören Sie», sagte ich deshalb, «man kann auch
etwas ohne eigentlichen Grund tun, genau wie Gott damals, als
er das Universum erschuf.»

«Gott?»

Ich machte eine hilflose Gebärde. Saito nickte. «Diese Bezeichnung kenne ich auch, obwohl wir der Kraft andere sinnlose Namen geben. Ich kann Ihnen aber mit Sicherheit sagen, daß die Männer, die Sie überfallen haben, ein verständliches Motiv hatten.»

«Mag sein», sagte ich. «Sie sahen mich da auf dem einsamen Pfad zwischen den hohen Pinien laufen, und dann hatten sie plötzlich das Bedürfnis, mich durchzuprügeln. Vielleicht störte es sie, daß ich Ausländer bin. Vielleicht meinten sie auch, daß ich in der heiligen Ruhe des Tempelparks nichts verloren hatte. Sie sind wohl erfahrene Karate-Sportler, denn der Arzt behauptet, daß der Schaden nur äußerlich sei. Vielleicht haben sie mich auch nur als lebendigen Sandsack zum Trainieren angesehen.»

«Ha!»

Ich versuchte die Stirn zu runzeln, aber die Pflaster verhinderten jede Änderung meines Gesichtsausdrucks.

«Ha!» wiederholte Saito. «Sie sagten doch, daß diese beiden Männer etwa dreißig Jahre alt seien. Nur Halbwüchsige benehmen sich so, Pseudogangster, Kinoläufer. Und solche Leute tragen dann Ledermützen, auffällige Spangen auf dem Gürtel und Stiefel mit hohen Absätzen. Aber so sahen die beiden Männer doch nicht aus?»

«Nein», antwortete ich, «meine Männer waren unauffällig gekleidet.» Meine Männer, hatte ich gesagt. Durch das, was sie mir angetan hatten, war zwischen uns ein Band entstanden. Sie waren ein Stück von mir geworden, ebenso wie ich eines von ihnen, als ich da auf dem Kies des Pfades lag und hilflos darauf wartete, daß ihre Schuhspitzen sich in mein Fleisch bohrten und ihre Fäuste mir die Knochen zerschlugen.

«Experten», meinte Saito. «Ein gezielter Fußtritt verursacht im allgemeinen Knochenbrüche, aber Sie haben nichts gebrochen. Ein Karateschlag kann tödlich sein, aber Sie leben ja zum Glück noch.»

«Wie meinen Sie das?» fragte ich, denn er wollte offenbar auf etwas Bestimmtes hinaus. Vor Schmerzen grunzend, legte ich mich auf die Seite. Ich wollte Saitos Gesicht sehen, und ich erwartete die bekannte asiatische Undurchdringlichkeit – unergründliche Augen über einem einfältigen, aber kalten Lächeln, aber der Inspektor schaute mich ganz freundlich an. Ich überdachte meine Definition seiner Persönlichkeit noch einmal. Er war noch teuflischer, als ich es mir vorgestellt hatte: ein zuhöchst disziplinierter Mann und ein vollkommener Schauspieler, daran gewöhnt, jede Situation spitzfindig zu manipulieren. Ich nahm mir vor, mich von seinem augenscheinlich sympathisierenden Verständnis für die menschlichen Schwächen nicht beeinflussen zu lassen. Meine Hypothese änderte sich nicht. Die japanischen Autoritäten hatten meine Absicht durchschaut und hielten mich für einen Industriespion, und das eigentlich zu Recht, obwohl ich mich innerhalb der Grenzen des Legalen bewegt hatte. Sie konnten ja nicht wissen, daß ich nur ein bißchen herumschnüffeln und hier und da etwas kaufen wollte, ganz einfach im Laden.

Es gab keinen Grund zur Annahme, daß ich Erfinder bestechen oder geheime Dokumente fotografieren wollte. Aber dessen verdächtigten sie mich wohl und hatten mich deshalb zusammengeschlagen, und jetzt würden sie natürlich auch alles daransetzen, mir das nachträglich irgendwie nachzuweisen.

Der Inspektor kreuzte die Beine und putzte sich umständlich die Nase. «Jetzt erklären Sie mir doch bitte einmal», sagte er, während er sein Taschentuch wieder einsteckte, «weshalb Sie sich so abweisend verhalten. Ich gebe zu, daß man Ihnen übel mitgespielt hat, man hat Sie sogar überfallen und zusammengeschlagen, aber ich habe die Aufgabe, die öffentliche Ordnung zu schützen, und das kann ich nur, wenn ich die Schuldigen fasse. Die Verhaftung an sich dürfte nicht einmal so schwierig sein. Kyoto ist eine ruhige Stadt, und Verbrecher gibt es hier kaum. Die Unterwelt ist klein, und wir kennen die Leute, die in

Frage kommen, wenn einmal etwas geschieht. Aber Sie müssen schon ein bißchen mithelfen, sonst kann ich nichts ausrichten. Welches Motiv könnten die beiden Kerle gehabt haben?»

Ich seufzte und drehte mich langsam wieder zurück, so daß ich auf die weiße Zimmerdecke schauen konnte.

«Meinethalben», sagte Saito schulterzuckend, «Sie sind müde, und ich falle Ihnen lästig. Ruhen Sie sich jetzt ein wenig aus, ich werde Sie morgen wieder besuchen.»

Der Arzt kam, verabreichte mir schmerzlindernde Mittel, und eine Schwester machte mein Bett zurecht. Das Essen war nicht schlecht; Bratkartoffeln und ein kleines Beefsteak. Das Personal sollte den Ausländer offenbar zuvorkommend behandeln. Ich schlief und träumte wieder, daß ich mein Vater war und Saito der Major der Militärpolizei aus dem vorsintflutlichen Zweiten Weltkrieg. Schweißgebadet wachte ich auf und drückte auf den Klingelknopf. Die Schwester brachte mir noch eine Pille.

Am nächsten Tag erschien Saito wieder, lächelte und setzte sich.

«Also, erzählen Sie.»

«Was soll ich Ihnen denn noch sagen?» Ich versuchte, ebenfalls zu lächeln. Er schaute mich ruhig an. Seine Taktik hatte sich geändert, und er wiederholte die Aufforderung nicht.

«Ich bin nämlich kein Industriespion», sagte ich freundlich.

Er grinste.

Ich bat ihn, mir sein Grinsen zu erklären.

«Ach was», sagte er wegwerfend und strich sich mit der Hand über das Kinn. «Aber sagen Sie mal ehrlich, Mister, leiden Sie nicht ein bißchen am Verfolgungswahn? Sie dürfen sich hier soviel umsehen, wie Sie wollen. In Japan hat sich vieles verändert. Wir sind keine Faschisten. Wir unterstützen die unterentwickelten Länder und plagen uns sogar mit Schuldgefühlen herum, weil wir noch immer Jagd auf Wale

machen. Auch mit Umweltproblemen beschäftigen wir uns
sehr ernsthaft, mit der Wasser- und Luftverschmutzung. Und
Ausländer werden bei uns bestimmt nicht belästigt.»

Ich versuchte zu grinsen. «Beweisen Ihre Worte denn nicht
auch eine gewisse Arroganz?» fragte ich vorwurfsvoll. «Japan
lebt heute von seiner technischen Überlegenheit, und Sie haben uns gegenüber auf vielen Gebieten einen großen Vor-
sprung. Ich selbst bin Wissenschaftler und interessiere mich
für Chips und solches Zeug. Man hat mich überfallen und
schwer verletzt. Vielleicht eine Warnung?»

«Sie wollen sagen, daß die Tatsachen im Widerspruch zu
meiner Behauptung stehen?» Saitos Stimme klang freundlich,
eigentlich übertrieben freundlich.

Ich versuchte, meine Wut zu beherrschen. Wir Europäer
brausen zwar leicht einmal auf, aber wir können uns auch zusammennehmen.

«Wir suchen in der falschen Richtung», erklärte Saito. «Es
gibt etwas, das Sie mir nicht gesagt haben. Versuchen Sie selbst
einmal dahinterzukommen. Sie haben sich nach dem Weg zum
Kotokuji-Tempel erkundigt, und daraufhin wurden sie brutal
zusammengeschlagen. Ein wahnsinnig-aggressives Verhalten
kann in Japan zwar vorkommen, aber eigentlich nur in Groß-
städten, wie in Tokio, wo die Umstände leicht zu Neurosen
führen können. Man kann auch nur eine bestimmte Anzahl
von Ratten zusammen in einem Käfig unterbringen, ohne daß
sie übereinander herfallen. Eine zuviel, dann fressen sie sich
gegenseitig auf. Menschen verhalten sich genauso wie Ratten,
aber Kyoto ist kein Rattenkäfig. Unsere Stadt ist der religiösen
Ruhe und dem Kunsthandwerk geweiht. Wenn Sie irgendwo
in der Welt den Frieden des wahren Buddhismus suchen, dann
finden Sie ihn hier.» Er räusperte sich. «Ich kann mir nicht
vorstellen, daß Sie ausgerechnet in dieser Stadt von teuflischen
Dämonen überfallen wurden.»

«Sie versuchen, die Tatsachen zu leugnen, Herr Inspektor.»

Ich wunderte mich darüber, daß meine Stimme bebte. Offenbar hatte sein Mitgefühl mich doch irgendwie beeindruckt.

«Ich glaube kaum. Wäre es nicht möglich, daß Sie etwas zu finden versuchen, das es gar nicht gibt? Sagen Sie einmal ehrlich, gibt es einen bestimmten Grund dafür, daß Sie eine Abneigung gegen Japaner haben?»

Ich erzählte von meinem Vater und dem japanischen Polizeimajor. «Ach so», sagte Saito. «Jetzt verstehe ich. Ja, das tut mir aufrichtig leid, Mister.»

Das war mir gleichgültig. Jetzt tat es ihm also leid.

«Tatsächlich», fuhr Saito fort. «Aber was könnte ich sonst dazu sagen? Ich bedaure das zutiefst. Aber heute ist nun mal heute, und die Vergangenheit ist vorüber, obwohl sie das Heute nach wie vor durch die Folgen früherer Ereignisse berührt. Dennoch ändert sich meine Aufgabe dadurch nicht. Ich muß herausfinden, was geschehen ist und weshalb das passierte. Wir verfolgen dabei dieselben Interessen und behindern einander doch. Ich kann verstehen, daß das wohl so sein muß, aber es wäre doch auch albern, wenn wir uns gegenseitig in der Bewegungsfreiheit behindern, meinen Sie nicht auch?»

Ich antwortete nicht.

«Vielleicht wollen Sie mir etwas über Ihr Privatleben erzählen?»

Ich lachte. Inzwischen fühlte ich mich etwas besser, und den Worten des Arztes gemäß konnte ich das Krankenhaus in wenigen Tagen verlassen. Der niederländische Konsul hatte mich besucht und mir seine Hilfe zugesagt. Länger konnten sie mich nicht mehr festhalten. Der Krieg war ja nun mal vorüber, und Japan und die Niederlande sind Handelspartner. Was hätten sie denn davon, wenn sie mich hier festhielten?

«Mein Privatleben? Wieso? Ich wurde doch nicht von meinen Landsleuten mißhandelt. Was soll denn mein Privatleben mit dem Benehmen von ein paar japanischen Banditen zu tun haben?»

«Haben Sie in Ihrer Heimat vielleicht Feinde?» Saito schien sich wirklich zu interessieren. Er beugte sich auf mich zu, wobei er Rauch aus seinen Nasenlöchern blies.

«Gewiß», antwortete ich. «Ich bin ziemlich ehrgeizig und habe schnell Karriere gemacht. Dabei habe ich eine ganze Menge Kollegen überrundet. Außerdem bin ich wohlhabend, denn ich habe recht viel geerbt, und daneben habe ich ein hohes Gehalt. Eifersucht macht Freunde zu Feinden.»

Seine Haltung lockerte sich ein wenig. «Aber Ihre Feinde wohnen in den Niederlanden. Wen kennen Sie hier?»

Ich erzählte über meinen Freund in Kobe, einen niederländischen Bankier, den ich noch aus der Studienzeit kannte.

«Sie wohnen jetzt bei ihm?» fragte Saito. «So. Und Sie sind eng mit ihm befreundet?»

Ich nickte.

«Warum hat er Sie denn nicht besucht?»

«Er ist zur Zeit auf Geschäftsreisen.»

«Ihr Freund ist verheiratet?»

«Natürlich», antwortete ich, «mit einer Japanerin. Seit einem Jahr. Mit einer sehr sympathischen Frau.»

Saito dachte nach, seine Stirn war gerunzelt. «Nehmen Sie mir's bitte nicht übel, aber darf ich Ihnen ein paar persönliche Fragen stellen?»

«Lieber nicht.»

Er schaute auf seine Armbanduhr, verbeugte sich und ging. Am nächsten Morgen kam er wieder. «Nun, ich hoffe, daß Sie ein bißchen nachgedacht haben. Ich bin Polizeibeamter, und Sie sind das Opfer eines Gewaltverbrechens. Verbrechen und Privatleben stehen zueinander in Beziehung. Ich bin, und ich möchte dazusagen leider, auch ein wenig Psychologe. Jeder Detektiv, der sich mit Mord, Totschlag und ähnlichem beschäftigt, muß versuchen, in die Seele eines anderen schauen zu können. Ich möchte Sie darauf hinweisen, daß Sie zur Mitarbeit verpflichtet sind. Notfalls könnte ich auch Ihre Bewegungsfreiheit für eine Weile einschränken, aber ich nehme an, daß Sie mich dazu nicht zwingen wollen. Wir können Schurken nicht frei herumlaufen lassen, vor allem dann nicht, wenn sie die Normen unserer Gesellschaft derart grob mißachten. Die Gattin Ihres Freundes, diese sympathische Dame, von der Sie gestern sprachen; glauben Sie, daß Ihr Freund sie in einer Bar kennengelernt hat?»

Er hatte so ernst und eindringlich gesprochen, daß ich mich zusammennehmen mußte, um nicht herauszuplatzen. «Nein.»

«Woher wollen Sie das wissen? Viele unserer Bardamen haben eine hervorragende Erziehung genossen und sehen überdies sehr gut aus. Manche spezialisieren sich auf den korrekten Umgang mit Ausländern. Ihr Freund ist Bankier. Ich bin der Sache nachgegangen, und es hat sich gezeigt, daß er bei einer angesehenen Bank eine Führungsposition bekleidet. So ein Mann besucht keine billigen Nachtlokale. Japanische Frauen haben nicht viele Möglichkeiten zum Kontakt mit Ausländern. Wo könnte er seine Gattin kennengelernt haben?»

«Weshalb forschen Sie nicht selber nach?» fragte ich verärgert. Er erschien mir noch immer komisch. Welchen Zusammenhang könnte es denn wohl zwischen meinem Freund und den Typen geben, die mich zusammengeschlagen hatten? Kyoto war ganz offensichtlich eine sehr ruhige Stadt, sonst hätte ein Kriminalpolizist doch wohl Wichtigeres zu tun, als sich mit einem so hoffnungslosen Fall wie dem meinen zu beschäftigen.

«Sie ist eine angesehene Dame», fuhr ich fort. «Aus gutem Hause. Ihr Vater ist ein begüterter Geschäftsmann aus Osaka. Er gab seiner Tochter und meinem Freund eine prachtvolle Villa in einer vornehmen Gegend als Hochzeitsgeschenk.»

«Wie alt ist die Dame?» drängte Saito.

«Ich habe sie nicht danach gefragt, aber ich nehme an, daß sie Ende Zwanzig ist.»

«Und wann hat sie Ihren Freund geheiratet?»

«Vor etwa einem Jahr.»

Er rieb sich über das Kinn. «Hmm.»

«Stimmt etwas nicht?»

«Ja, doch», sagte Saito. «Aber irgendwo muß doch ein Haken sein. Weshalb sagen Sie mir nicht, wo ich suchen muß? Sehen Sie, es ist sehr ungewöhnlich, daß eine japanische Frau aus gutem Hause einen Ausländer heiratet. Das kommt zwar hin und wieder vor, aber dann gibt es auch immer irgendeinen Haken. Wir sind ein Inselvolk und ziemlich zurückhaltend, unsere Frauen sind nicht so leicht zu erobern. Das wird sich im Lauf der Zeit sicherlich noch ändern, aber Traditionen, Tabus, die ändern sich nicht von heute auf morgen. Sie sagten, daß die Gattin Ihres Freundes sowohl hübsch als auch intelligent ist. War sie vielleicht einmal krank?»

«Tuberkulose», antwortete ich. «Sie muß etwa sechs Jahre in einem Sanatorium in den Bergen verbracht haben.»

Ein Lächeln zeigte sich auf Saitos Gesicht. «Aha, jetzt habe ich wieder ein paar passende Stückchen zu unserem Puzzle gefunden. Ich nehme an, daß ihre Eltern nicht so leicht einen Ehemann für sie finden konnten. Japanische Mädchen heiraten im allgemeinen sehr früh. Wie haben Ihr Freund und seine Gattin sich kennengelernt?»

Ich grinste auch. «Über eine Ehevermittlerin, in der ganz altmodischen Manier. Mein Freund hat mir alles darüber erzählt. Er muß für seine Bank mit führenden Leuten verhandeln und pflegt viele Kontakte zu japanischen Regierungsbeamten und Geschäftsleuten. Eine japanische Ehefrau könnte den Kontakt sehr erleichtern, und außerdem litt er unter der Einsamkeit. So richtete er sich nach dem Rat seiner ortsansässigen Freunde, und nach einiger Zeit machte die Maklerin ihn mit Washino-san bekannt. Ich versichere Ihnen, daß sie eine außergewöhnlich liebe Frau ist.»

Damit hatte ich mich verraten. Einen Augenblick lang war

die Begeisterung mit mir durchgegangen, und er schlug sofort zu. «Waren Sie mit ihr im Bett?»

Ich errötete.

Die Schwester brachte Tee, und wir waren einen Augenblick mit der üblichen Zeremonie beschäftigt: einschenken, Tasse in beide Hände nehmen, hochheben, einander zunicken.

«Wo waren wir stehengeblieben?» fragte Saito. «Ach ja, ich muß Sie um Verzeihung bitten, wenn ich noch etwas weiter auf das Thema eingehe. Ich kenne Sie jetzt ein wenig, und ich habe den Eindruck, daß wir offen miteinander reden können. Sie haben mir erzählt, daß Sie bei Ihrem Freund und dessen Ehefrau, Washino-san, logierten. Nach einer Woche brach Ihr Freund zu einer Geschäftsreise auf, während Sie die Umgebung ein wenig erkunden wollten. Sie besuchten unsere Stadt und begaben sich auf den Weg zum Kotokuji-Tempel, und dabei wurden Sie niedergeschlagen und mißhandelt.»

Es schien, als spräche er den Namen des Tempels übertrieben deutlich aus, und ich versuchte, ihn abzulenken. Deshalb erkundigte ich mich, ob es mit dem Namen des Tempels eine eigene Bewandtnis habe.

«Wieso?»

«Sie haben den Namen schon einige Male mit einer besonderen Betonung erwähnt.»

Meine Frage schien ihn in Verlegenheit zu bringen, aber ich war hartnäckig.

«Wie Sie wollen. *Toku* bedeutet Lehre, und *Ko* klein. *Ji* heißt Tempel. *Der Tempel der kleinen Lehre* also. Im Buddhismus kommen verschiedene Methoden zur Anwendung, und die Kotoku-Methodik zur Erlangung wahrer Erkenntnisse ist eine derjenigen mit der geringsten Subtilität. Es könnte sein, daß wir hier einen Hinweis haben, aber ich möchte Sie nicht beleidigen.»

Noch immer, in jeder Nacht in diesem verdammten Krankenhaus, durchlebte ich Alpträume, in denen ich in der Gestalt meines Vaters von dem Major der Militärpolizei gequält wurde, der sich hin und wieder in den Inspektor Saito verwandelte. Und noch immer verspürte ich eine Abneigung gegen Saito, aber es kostete mich auch zunehmend mehr Mühe, dessen sympathisch wirkenden Methoden nicht zu erliegen. Ich schaute ihn an und versuchte, wütend zu sein. «Sie meinen, daß es nicht schaden könnte, wenn ich mal eine Lektion erteilt bekäme?»

«Ja», er nickte, «aber es gibt natürlich auch Umstände, die alles in einem anderen Licht erscheinen lassen.»

«Tatsächlich?» brach es aus mir heraus, und jetzt brauchte ich die Wut nicht mehr zu simulieren.

«Gewiß», sagte Saito, während er seine brennende Zigarette betrachtete. «Sehen Sie, ich habe Erkundigungen eingezogen und erfahren, daß Ihr Freund homophil ist. Sie dagegen sind nicht homosexuell, nicht wahr?»

«Nein», antwortete ich kühl, «aber was haben meine sexuellen Anlagen damit zu tun? Gut, ich habe mit Washino-san geschlafen, aber doch nicht mit meinem Freund.»

Saito hüstelte. «Auch früher nicht, als Ihr Freund und Sie an derselben Universität studierten? Hatten Sie vielleicht eine gemeinsame Wohnung?»

«Wir hatten Zimmer im selben Haus», antwortete ich, «und ich wußte auch, daß er homophile Neigungen hatte. Ich selbst bin normal veranlagt, aber ich verurteile andere nicht, die eine Vorliebe für das eigene Geschlecht haben. Zwar hat er einmal versucht, sich mir zu nähern, aber ich habe ihm ein für allemal zu verstehen gegeben, daß mir das zuwider ist, und gedroht, die Freundschaft zu beenden, wenn er mir noch einmal lästig fiele.»

«Aber er war in Sie verliebt», erklärte Saito, «und daran dürfte sich nichts geändert haben.»

«Kann sein.»

«Hat er's noch mal versucht, als Sie bei ihm logierten?»

«Ja.»

Saito ließ nicht locker. Er fragte weiter, und ich erzählte ihm schließlich, wie es an jenem ersten Abend zugegangen war. Mein Freund holte mich zusammen mit seiner Frau am Flughafen ab, und ich ging gleich nach der Ankunft im Hause ins Bad. Das Badezimmer war in japanischem Stil eingerichtet, eine große Holzwanne stand auf dem Fliesenboden. Mein Freund erklärte mir, es sei hier üblich, daß der Gastgeber seinen Freund mit Wasser begießt, und seine Frau brachte uns ein paar Flaschen Bier. Später servierte sie uns Reiswein in warmen Krügen, und auch beim Essen wurde gehörig getrunken. Washino-san selbst trank fast nichts, aber sie forderte uns auf zu trinken. Mein Freund und ich wurden recht betrunken, und ich hatte Mühe, das Schlafzimmer zu finden. Washino-san zeigte mir den Weg. Mein Freund kam auch, und Washino-san wollte sich zurückziehen. Ich war noch nüchtern genug, um zu begreifen, was von mir erwartet wurde. Ich bat sie, mich ins Gästezimmer zu bringen. Als ich wieder aufwachte, war mein Freund schon zur Arbeit gefahren, und Washino-san servierte das Frühstück. Sie trug ein offenes Schlafgewand. Ich hatte Mühe, mich zu beherrschen, aber ein paar Tage darauf mußte mein Freund abends wegfahren. In der Bank war offenbar etwas nicht in Ordnung, und ich war wieder mit Washino-san allein in der Wohnung. Washino-san beklagte sich nicht, denn sie hatte schon vorher gewußt, daß mein Freund niemals sexuelle Beziehungen zu ihr haben werde. Sie erzählte mir, daß er in der Stadt Freunde hatte. Ich hatte an jenem Abend Schmerzen im Genick, und sie kam zu mir ins Badezimmer, um mir den Rücken zu massieren.

«Ja», sagte Saito verständnisvoll, «so etwas kann geschehen. Haben Sie Ihrem Freund berichtet, was vorgefallen war?»

«Nein, aber er dürfte wohl etwas gemerkt haben.»

«Und?»

«Er schien darauf kaum zu reagieren. Fast jeden Abend ging

er fort, und das Verhältnis zwischen Washino-san und mir wurde zunehmend intimer.»

«Sind Sie verheiratet?» fragte Saito.

«Ja.»

«Glücklich?»

«Wie man's nimmt», antwortete ich. «Wir haben zwei Kinder.»

Saito ergriff seine Aktentasche, erhob sich und machte eine Verbeugung. Als er sich wieder aufrichtete, sah ich seinen Revolver, eine kleine glänzende Waffe im ledernen Halfter. Ich hatte es ja mit der Polizei zu tun, die auch die Tabus bewachte. Aber ich hatte doch kein Tabu verletzt. Man hatte mich bestraft. Aber wer?

«Ihr Freund», erklärte Saito am folgenden Morgen.

«Haben Sie ihn aufgesucht?»

Saito nickte.

«Hat er zugegeben, daß er die Kerle angeheuert hat?»

Saito lächelte vielsagend. «Ihr Freund wohnt schon sehr lange in unserem Land und hat unsere Sitten angenommen. Wäre Washino-san die Auftraggeberin gewesen, dann müßte ich jetzt wahrscheinlich etwas unternehmen, aber ich glaube, daß Ihr Freund den Plan ausgeheckt hat. Washino-san läßt sich nichts zuschulden kommen, solange sie ihre sexuellen Abenteuer geheimhält und ihren Ehemann nicht ins Gerede bringt. Sie dagegen haben Ihren Freund hintergangen, und ich glaube, daß wir uns mit den Folgen nicht beschäftigen dürfen, wenn die Ursachen so eindeutig im Ausland beheimatet sind.»

«Na, na», sagte ich nur.

«Wie denken Sie selbst darüber, Mister?» fragte Saito.

«Ich glaube, daß ich mich ziemlich vorbeibenommen habe.»

«Sie hätten nicht mit Washino-san ins Bett gehen dürfen.»

«Das erste Mal wäre es wohl noch zu entschuldigen gewesen», sagte ich, «aber danach hätte ich in ein Hotel ziehen müssen.»

«Ihr Freund liebt Sie noch immer?»

Ich zuckte die Schultern. Sie schmerzten nicht mehr. «Was ist Liebe überhaupt?»

Saito erhob sich, zum letztenmal während meiner Anwesenheit. «Das weiß ich auch nicht. Liebe ist eine Folge, deren Ursache sich außerhalb der Grenzen unseres Wahrnehmungsvermögens verbirgt, die künstlich in Sprache umgesetzte Definition eines Mysteriums, das nicht im Bereich des uns Verständlichen liegt.»

«Und was geschieht jetzt mit diesen Halunken?» fragte ich.

«Ich kenne sie. Ich habe auch mit ihnen gesprochen.»

«Sie verhaften sie nicht?»

«Später vielleicht, wenn sie aus dem Gespräch, das ich mit ihnen führte, nichts gelernt haben.»

Ich setzte mich aufrecht hin. «Und wenn ich sie anzeigen würde?»

Saito stellte seine Aktentasche ab, aber er setzte sich nicht hin. «Es gab keine Zeugen, aber ich könnte sie möglicherweise dazu bringen, daß sie gestehen.»

«Ich verzichte», sagte ich.

«Sie haben Ihr Gesicht verloren», meinte Saito. «Wenn Sie Wert darauf legen, dann lasse ich sie herkommen, damit sie Ihnen gegenüber ihr Bedauern ausdrücken können.»

«Nein.»

«Es wäre eine Kleinigkeit.»

«Nein, wirklich nicht», sagte ich müde. «Auf diese Weise müßte auch mein Freund seine Mitschuld eingestehen, denn sie waren seine Arme und Beine, seine Fäuste und seine Schuhe.»

«Sie wollen es dabei belassen?»

«Ja», erklärte ich bestimmt. «Ich glaube, daß ich meine Lektion gelernt habe. Morgen werde ich aufbrechen, um den Kotokuji-Tempel noch einmal zu suchen. Der Arzt hat mir gesagt, daß ich das Krankenhaus morgen verlassen darf.»

Am nächsten Morgen brach ich zum Tempel auf, aber ich wußte noch nicht genau, wo er stand. Die beiden Halunken warteten auf mich. Sie verbeugten sich, als sie mich erkannten, und wiesen mir den Weg, indem sie vor mir hergingen. Der Tempel war klein und ruhig, er bestand aus einem einzigen Raum, in dem eine holzgeschnitzte Göttin mit gekreuzten Beinen auf dem Altar saß. Ich kaufte beim Tempelpriester ein Weihrauchstäbchen, das ich im Töpfchen zu Füßen der Göttin verglühen ließ. Bis das Stäbchen verbrannt war, kniete ich auf der Matte vor dem Altar.

Als ich den Tempel verließ, waren die beiden Kerle verschwunden, aber statt ihrer erwartete Saito mich am Tor. Ich dankte ihm für den Dienst, den er mir erwiesen hatte. Wir verbeugten uns voreinander, und ich bestieg das Taxi zum Bahnhof.

Das Koan

PERSONEN:

FRAUENSTIMME

JANWILLEM VAN DE WETERING (MONOLOGE)

JUANITA VAN DE WETERING

PROTESTANTISCHER PFARRER

ROBERT VAN GULIK

NACKTE FRAUEN (TANZSCHRITTE)

DAITOKU-JI – ZEN-MEISTER

JAPANISCHE ZEN-MÖNCHE (SINGEN)

DEUTSCHE DIENSTMÄDCHEN (SINGEN)

KLEINER JUNGE (SINGT)

DEUTSCHE SOLDATEN (BRÜLLEN)

KEMPETAI – ZEN-MEISTER

MENEER HENDRIKS

HAUPTMANN UYEDA

KEMPETAI-SOLDAT

TAMAKI, JAPANISCHER VERLEGER

RICHTER DI

MEISTER KÜRBIS

LU, FREVELHAFTER ZEN-SAKRISTAN

MR. WANG

MISS FU

DZJENG, ALTER MANN

BUBU, EIN GIBBON

(Eine goldene Klang-WOGE: ein Tempelgong wird mit einem dünnen Kupferstab geschlagen)

FRAUENSTIMME: *seki no yugiri*
Abendnebel auf dem Paß.
Ist es die Tempelglocke, die läutet?
Oder ist es der Klang des Klöppels?
Es muß wohl irgend etwas sein
Zwischen Glocke und Klöppel.

VAN DE WETERING (VDW): Lehrt der Lehrer?
Lernt der Schüler?
Die Erkenntnis muß irgendwo
Zwischen Lehrer und Schüler geschehen.

(Wieder die Tempelglocke)

VDW: Lehrer – die Glocke. Schüler – der Klöppel. Ein östliches Bild. Der Schüler bin ich – oder du. Jeder von uns ist dieser Schüler. Aber die Symbolik des Ostens unterscheidet zwei Arten von Lehrern: innen und außen. Der innere Lehrer, die innere Stimme, ist immer gegenwärtig und auf ewig frei von Illusion. Sie drängt uns, das zu werden, was wir immer waren, sind und sein werden: unsere unveränderliche göttliche Natur.

(Wieder erklingt majestätisch die goldene Glocke. – Dann, ganz plötzlich und unerwartet, schlagen zwei Hartholz-Klötze aufeinander: KLACK!)

vdw: (Anderer Tonfall)
Der innere Lehrer ist eine furchterregende Kraft. Nimm
dich in acht vor der inneren Stimme, sie gibt niemals auf. Sie
ist die elementare ewige Energie, und sie benützt jede mög-
liche Erscheinungsform von Energie, die sich zufällig gerade
anbietet. Der innere Guru kennt keine Vorlieben, keine Moral. Er wird alles benützen, uns aufzuwecken, uns in Bewegung zu halten. Die göttliche Energie benützt Musik ...

*(Überblendung mit Miles Davis, der «My little Valentine»
spielt)*

vdw: ... strahlende brutale Gewalt ...

*(Eine Harley-Davidson wird gestartet, dann noch eine, noch
eine – die Motorräder entfernen sich)*

vdw: ... das Meer ...

(Große Wellen schlagen an einen Strand)

vdw: ... sexuelle Anziehung ...

(Ein verführerisches Frauenlachen mischt sich in die Wellen)

vdw: ... Alkohol, Haschisch ...

*(Wieder die Jazz-Trompete, ein Glas wird gefüllt, eine Wasser-
pfeife blubbert)*

vdw: ... Poesie ...

*(Eine angenehme Frauenstimme: «Eine Rose ist eine Rose ist
eine Rose ist eine Rose ...»)*

vdw: ... Krieg.

(Der scheinbar unschuldige Sound eines Hubschraubers)

vdw: Die innere Gottheit in uns benützt äußere Lehrmeister,
vorübergehende, ständig sich verändernde Gestalten, die

uns eine Weile begleiten, hierhin und dorthin führen und ihre schwer verdienten Erkenntnisse freigebig mit uns teilen. Wir alle haben solche Lehrer. Einer von meinen Lehrern ist Robert van Gulik. Physisch haben sich unsere Pfade nie gekreuzt, aber ich bin ihm zweimal nahegekommen. Einmal in Japan, als er am Leben war, und einmal in Holland, als er tot war.

(Der langsame Anfang von Schuberts «Der Tod und das Mädchen». Wenn das Hauptthema wiederholt wird, rückt die Musik in den Hintergrund. Wir hören die hallige Stimme eines Pfarrers während eines Sterbe-Gottesdienstes)

PFARRER: Brüder und Schwestern, wir sind heute hier zusammengekommen, um einem besonderen, einem außerordentlichen Mann Lebewohl zu sagen, einem Mann, der sich dadurch auszeichnete, daß er unser ehemaliger Botschafter in Japan war, ein weltberühmter Sinologe, ein namhafter Sammler chinesischer Kunst. Und nicht zuletzt der international bekannte Autor der «Richter Di»-Romane, dieser wissenschaftlich fundierten und wirklichkeitsnahen Erzählungen von einem ehrlichen und genialen Beamten aus der T'ang-Zeit, der gegen dämonische Kräfte kämpft ... (Stimme ausblenden)

(Wieder der erste langsame Satz von «Der Tod und das Mädchen»)

VDW: Ich habe meinen Lehrmeister durch seine zahlreichen Bücher, Erzählungen und kenntnisreichen Essays kennengelernt. Van Gulik und ich waren zufällig zur selben Zeit in denselben Ländern, ich hätte ihm begegnen können – aber es ergab sich nicht.
Vielleicht besser so.
Ich hatte Angst, daß wir durch unsere Persönlichkeit einander irritieren könnten. Es sah so aus, als würde ein körperlo-

ser, flüchtiger Kontakt meine Chancen verbessern zu lernen.

(Wieder der erste, langsame Satz von «Der Tod und das Mädchen»)

VDW: Van Guliks Todesursache war Krebs, und der kam vom Nikotin. Er wurde nach Holland ins Krankenhaus gebracht. Meine Frau hat es mir beim Mittagessen erzählt.

(Rascheln einer Zeitung)

JUANITA: Mein Gott, hör mal: «Robert Hans van Gulik ... nach kurzer Krankheit ... Japanischer Chrysanthemenorden ... der Willemsorden ...» Sieh nur mal die Liste der Orden und Titel ... die Beerdigung ist heute. Du solltest hingehen. Wie spät ist es? Halb elf? Du schaffst es leicht, wenn du sofort losfährst ...

(Rascheln der Zeitung)

Dein Idol. Ich glaube, du kennst jedes Wort, das er geschrieben hat, auswendig. Stell dir vor, er war erst 57!

VDW: (Innerer Monolog) Die Ehefrau. Auch ein göttlicher Sendbote. Die innere Stimme wählt die Ehefrau des Schülers aus, um seine Suche in Gang zu halten.

JUANITA: Und umgekehrt, du Dummkopf!

VDW: (Monolog, kichernd) Wer will schon zu einer Beerdigung gehen?

JUANITA: Los. Geh schon!

(Autotür schlägt, Motor startet, Ticken des Blinkers, Einfädeln in den Verkehr. Schuberts «Der Tod und das Mädchen», zweiter Satz, nur der traurige Anfang unter VDWs Stimme)

VDW: Es war Oktober 1967, ein heißer Nachmittag. Ich erkannte das Thema: Schuberts «Der Tod und das Mädchen» – sehr passend. Van Gulik liebte Mädchen. Die Musik muß mich schläfrig gemacht haben. Habe ich die Augen einen

Moment zugemacht? Rund um den Sarg, im Takt der Musik, bewegten sich die edlen ...

(Es erklingt die siebensaitige chinesische Laute Ch'in)

... chinesischen und persischen Frauen, die van Gulik in seinen Richter-Di-Romanen erschuf und die er mit seinen Zeichnungen illustriert hat. Die Frauen waren natürlich nackt. Großartig! Ich bin bei der Beerdigung eines bedeutenden Diplomaten, zusammen mit allerlei ordensgeschmückten Würdenträgern, Generälen in Uniform, Orientalen in ihren Morgenmänteln und gestreiften Hosen, Afrikanern in wallenden Umhängen, ältlichen Damen ganz in Schwarz mit erstaunlichen Hüten – und auf der Bühne, rund um den Sarg, tanzen junge nackte Frauen ... Müßten wir nicht eigentlich trauern?

(Eine Jazz-Trompete bläst ein paar Blues-Noten durch die Komposition von Schubert. Wir hören nackte Füße auf Holzdielen tanzen und hören Frauenstimmen flüstern.
Van Guliks Stimme, heiser, ab und zu von trockenem Husten unterbrochen. Er klingt amüsiert)

VAN GULIK: Wenn ich sterbe,
　　Wer wird dann um mich trauern?
　　Nur die schwarzen Krähen aus den Bergen
　　werden um mich trauern.
　　Aber die Krähen, die aus den Bergen kommen,
　　trauern auch nicht um mich:
　　Sie trauern um das unerreichbare Opfergebäck
　　auf meinem Totenaltar.

VDW: Der Humor des Buddhismus. Er nimmt alles weg, bis auf ein paar unerreichbare Kekse, die auch vergammeln werden. Nichts bleibt. Wir sind dabei, die berühmte – oder berüchtigte – buddhistische Leere zu erreichen. Alles verlieren heißt alles gewinnen. Da, mein Meister tritt auf. Soll

ich ihn fragen, wo der Weg hinführt? Jetzt, da sein Lebens-
licht verlöscht ist? Nicht nötig. Das ist das Schöne an Halluzinationen: die unmittelbare telepathische Verbindung.

VAN GULIK: Wir alle kehren dahin zurück, wo wir herkamen:
wo die Flamme der gelöschten Kerze erstarb.

VDW: Da steht er, lässig an den eigenen Sarg gelehnt: ein großer, schwerfälliger Mann mit beginnender Glatze in einem
maßgeschneiderten Dreiteiler. Er pafft eine dicke Zigarette
und läßt Asche auf die Weste fallen, die eine Uhrkette ziert.
Durch eine komische kleine, runde, goldgeränderte Brille
sieht er auf die Gemeinde. Nachdenklich betrachtet er die
vergängliche irdische Szene, während er seinen Spitzbart
streicht.

(Wieder der goldene Klang der Glocke)

VDW: Das war das zweite und letzte Mal, daß ich Dr. van Gulik
sah, bei seiner Be-erdigung, nein, Be-feuerung. In Holland
haben wir keinen Platz für Gräber. Und da sah ich auch all
die Wesen, die Menschen und Tiere, mit denen mich seine
Bücher bekannt gemacht haben ... die sich, einer nach dem
andern, zu ihm gesellten, rund um den Sarg. Eine großartige
Gesellschaft. Aber bevor ich näher eingehe auf all diese buddhistischen Meister und Zen-Vagabunden, die Kurtisanen
und Künstler, die zarten und anmutigen Gibbons, die ehe-
maligen Gegenspieler Meneer Hendriks und Uyeda, den japanischen Hauptmann der Militärpolizei – auf all die exo-
tischen Helden und Antihelden, die van Gulik schuf, damit
seine Leser sie sich einverleiben – bevor ich sie näher vor-
führe, lassen Sie uns zurückgehen zu unserem ersten Treffen, zurück zu dem Augenblick, da unser Geist sich zum
ersten Mal begegnete. Damals hat mir Dr. van Gulik die
Symbolik östlicher Weisheit erklärt, die ich so dringend bei
meiner Suche nach Wahrheit brauchte und die dieses Treffen zwischen Meister und Schüler bewirkte ...

FRAUENSTIMME: Ist es die Tempelglocke, die läutet?
Oder ist es der Klang des Klöppels?
Der Klang muß von irgendwo
Zwischen Glocke und Klöppel kommen.

(Wieder der goldene Glockenklang, hart unterbrochen von dem plötzlichen Knall von Hartholz-Klöppeln)

VDW: Ich war Schüler in dem japanischen Zen-Kloster Daitoku-ji. «*Dai*» heißt groß, «*toku*» heißt Mitgefühl, «*ji*» heißt Tempel ...
(feierlich) «Tempel des Großen Mitgefühls».
(ironisch) jaja, sicher ...
Daitoku-ji in Kyoto, eine großartige Ansammlung von Gebäuden im T'ang-Stil, in denen ich lange, endlos lange und schmerzhafte Stunden im *zendo*, der Meditationshalle, verbracht habe.

(ZACK! – Ein Holzstock schlägt einen menschlichen Körper)

VDW: Das Geräusch des *keisaku*, des Zen-Stocks – das einzige Geräusch, das an diesem düsteren Ort stillen Terrors erlaubt war. Der Mönch schlug mich bei seinem Kontrollgang jedesmal, wenn ich wegdämmerte oder vor Schmerzen stöhnte. Im Zendo bereite ich meinen Geist vor, daß er wert ist, ein KOAN zu empfangen, ein existentielles Rätsel, von dem mein Zen-Meister erwartet, daß ich es in der Meditation löse. Ich lerne, daß das *koan* ein Schlüssel ist, der das Schloß der Unwissenheit öffnet, oder ein Rammbock, der das Tor aufbricht, das mein unverständiges menschliches Ego verschlossen hält.

(ZACK!)

Angeblich sollen befreiende Antworten plötzlich aus meinem schmerzerfüllten Schweigen mit einem Knall auftauchen,

(Korken knallt, Sekt sprudelt)

hervorsprudeln.

(Eine kurze Phrase auf einem Bambus-Xylophon)

Ich erfahre von strengen, coolen amerikanischen Zen-Schülern, die den Tempel besuchen, daß die Wahrheit aus der Tiefe meines Wesens auftauchen wird, sobald ich mein Denken mit dem Schwert des Bodhisatva Manjusri abhacke.

(ZACK!)

Aber das einzige, was auftauchte, war eine dicke Fliege auf meinem Arschloch in der stinkenden Latrine des Klosters. Wenn ich mit glühenden und knackenden gekreuzten Beinen im Zendo saß, passierte nicht viel – der Schmerz verbrannte sie langsam – und das sechs, manchmal acht Stunden am Tag. Oder zwanzig Stunden am Tag während einer Horrorwoche im Dezember. Die einzige Erfahrung war ein Tanz von Gedanken in meinem Fieberhirn, der mich zum Wahnsinn trieb. Und wenn ich das Glück hatte und zu schwach wurde, um Schmerz zu empfinden, dann war ich einer endlosen grauen Langeweile ausgeliefert, in der ich feststeckte wie Füße im Schlamm ...

(Geräusch von Stiefeln, die aus ächzendem Schlamm gezogen werden)

Ich wollte nichts weiter, als ein paar einfache Fragen über die Methodik von Zen stellen. Aber wenn ich versuchte, praktische Informationen zu bekommen, antworteten die Mönche mit Gesang von Sutren, den Gebeten Buddhas, in einer lang vergessenen, rituellen Sprache,

(Mönchsgesang, der Rhythmus wird von hölzernen «Fischkopftrommeln» und Gongs vorgegeben)

MA-KA-HA-NYA-HA-RA-MI-TA-

und der Lehrmeister des Klosters, der mich früh morgens empfing, sprach nur Japanisch. Ich hörte dieselben Worte, jeden Morgen:

ZEN-MEISTER DES DAITOKU-JI: (freundlich, angenehme Alt-
     männerstimme)
     Jan-san wakaranai. Mada mada. Mo-o chot-to mat-te kuda-
     sai. Zazen chi nasai!

VDW: Nach und nach lernte ich einige Wörter. Der Zen-Mei-
     ster sagte, daß ich nicht begreife. Noch nicht, noch nicht.
     Daß ich geduldig abwarten soll. Daß ich still in Meditation
     sitzen soll. Und dann ...

(Der Meister klingelt rasch mit einer kleinen Handglocke)

daß ich verschwinden soll. Befehl ist Befehl. Keine weiteren
Fragen. Ich wurde ins *zendo* zurückbeordert, wo der *keisaku*, der Meditationsstock auf mich wartete

(ZACK!)

oder die Fliegen in meinem Zimmer.

*(Enervierendes Summen von Fliegen, das von einem kleinen
Gong beendet wird, sanft geschlagen. Dann festliches Trom-
meln und fröhliche japanische Stimmen, Kinderstimmen, Lachen junger Frauen.)*

VDW: Ein paar freie Tage. Die Mönche unterhalten ihre Gäste.
     Da ich kein Mönch bin, gibt es für mich auch keine Unter-
     haltung. Ich bezeichne mich als Philosophiestudent – also
     soll ich studieren und nicht feiern. Schließlich bin ich zum
     Daitoku-ji gekommen, um den Sinn des Lebens zu finden.
     Wie ich so durch die Gebäude des Tempels streife, entdecke
     ich eine große Bibliothek.

*(Quietschen schwerer Türangeln, dann hallen meine einsamen
Schritte in einer weiten Raumakustik)*

Tausende von Büchern stehen da, überall gestapelt, und verstauben.

(Rascheln von Büchern, die weggeräumt werden, hallende Schritte, Husten, wenn der Staub aufwirbelt)

In Leder gebundene Bücher, auf Chinesisch, Japanisch, Sanskrit – alle unlesbar für mich. – Nein – Halt!

(Die Ch'in-Musik erklingt wieder)

Da ist ein Buch auf Englisch! THE GIVEN DAY. Von Robert van Gulik. Den Namen lese ich zum ersten Mal. Auf dem Umschlag

(Die Ch'in-Melodie wird von einem Schlager abgelöst, einem traurigen Walzer, gespielt auf einer Amsterdamer Straßenorgel)

ist ein Mann mit Regenmantel und Filzhut abgebildet. Seine Kleidung ist vom Regen durchweicht. Ein großer Mann, gebeugt, von holländischem Aussehen. Der Holländer verbeugt sich respektvoll vor einem kleineren Mann in japanischer Armeeuniform, einem Offizier, der ein langes Schwert trägt.

(Klänge einer Bambusflöte mischen sich mit dem traurigen Schlager der Straßenorgel)

Ein Foto des Autors ist auf der Rückseite des Schutzumschlags. Während draußen das Klosterfest andauert, lese ich in der Bibliothek. Übermüdung fördert Halluzinationen. Ebenso eine Diät aus ein bißchen gekochter Gerste und Seetang: In der Bibliothek des Daitoku-ji erscheint van Gulik höchstpersönlich, und ich sehe, daß er ein großer, kräftiger und gutgekleideter Mann ist. Mein holländischer Landsmann zündet sich eine lange Zigarre an, sieht zu mir herab und lächelt.

Geräusch eines Zündholzes, ein Mann raucht)

VAN GULIK: (hustet) Ich habe das Buch für *dich* geschrieben. Um dir zu erklären, was ein *koan* ist. Du weißt das noch nicht.

VDW: Natürlich weiß ich das. Ein *koan* ist ein unlogisch konstruiertes Rätsel. «Wie ist der Klang einer Hand?» – «Hat ein Hundewelpe die Buddhanatur?» Diese Art von Fragen sind Rätsel, die über das dualistische Denken hinausweisen. Weit über Ja oder Nein hinaus. Ein Rätsel, das außerhalb des bewertenden Egos beantwortet werden muß. Um ein *koan* zu beantworten, muß man alle Koordinaten verlassen. Mein Zen-Meister will meine Antwort von mir hören.

VAN GULIK: Er will deine Antwort SEHEN. Du mußt sie ihm ZEIGEN.

VDW: Jaja. Und wie soll ich meine eben frisch gefundene Lösung den Zen-Autoritäten zeigen?

VAN GULIK: Durch Vergessen.

VDW: Und was soll ich vergessen?

VAN GULIK: All deine klugen Antworten. So wie mein Meneer Hendriks, nachdem ihm Hauptmann Uyeda sein *koan* vermacht hat. Hauptmann Uyeda wird am Nacken aufgehängt werden, bis er tot ist, so daß Meneer Hendriks seine Aufgabe übernehmen und seinen Geist klären kann.

Kläre deinen Geist, mein Freund.

VDW: Die Erinnerung vergessen.

FRAUENSTIMME: Erinnern

Heißt wieder vergessen

Erinnere dich nicht

Dann brauchst du nicht zu vergessen.

VDW: Aber ich habe mich erinnert.

Eines Morgens sah mich der Lehrmeister des Daitoku-ji lächelnd an, der kleine alte Zen-Meister, der an Parkinson litt und bald sterben würde – Zen-Meister lächeln sehr oft –

ZEN-MEISTER: Jan-san, warum bist du den weiten Weg von Holland hierher gekommen? Dort warst du hinter starken Deichen sicher. Warum willst du unbedingt ungemütliche Zen-Übungen praktizieren? Bist du denn nicht glücklich?

VDW: Glück! ... Wer zum Teufel ist denn auf Erden glücklich? ... Hat Dostojewski nicht recht, wenn er sagt, daß nur Kinder und Idioten glücklich sind? Ehe sie lernen, sich zu erinnern.

Ich war als Kind sehr glücklich. Meine Mutter war oft weg, deshalb wurde ich von deutschen Kindermädchen aufgezogen, die sangen ...

KINDERMÄDCHEN: Hoppe, hoppe, Reiter

KLEINER JUNGE: Wenn er fällt, dann schreit er

KINDERMÄDCHEN: Fällt er in den Graben

KLEINER JUNGE: Fressen ihn die Raben.

VDW: Und geschrien habe ich, als die dreimotorigen Luftwaffen-Junckers-Maschinen angeflogen kamen, tief über Rotterdam, im Mai 1940.

(Geräusch tieffliegender Flugzeuge)

KLEINER JUNGE: Fressen ihn die Raben

VDW: Rotterdam brennt.

(Pfeifendes Geräusch von fallenden Bomben. Ein Kind schreit vor Angst)

KINDERMÄDCHEN: Fällt er in den Graben

VDW: Es stimmt etwas nicht mit dem Sinn des Lebens, wenn wunderschöne Frauen mit dir in der Küche singen, und am nächsten Tag werfen ihre Brüder tödliche Feuer vom Himmel und treiben deine kleinen jüdischen Schulfreunde, sieben und acht Jahre alt, auf dem Rotterdamer Bahnhof in Viehwagen. Viehwagen, die nach Treblinka fahren.

SOLDATEN: (brüllen) Schnell, schnell! Kleine Scheißkerle!

Das Koan

(Geräusch einer Dampflok, Kinder weinen)

KINDERMÄDCHEN: (fröhlich) Hoppe, hoppe, Reiter

(Die Lokomotive ist noch entfernt zu hören)

VDW: Da verlierst du die Vorstellung von einem liebenden Gott. So wie sie sicherlich auch mein Zen-Meister verloren hat, als er als Soldat in der Mandschurei war. Er hat mir davon erzählt. Da er ein kränklicher ehemaliger Mönch war, wurde er nicht an die Front geschickt.

ZEN-MEISTER: Ich stand andauernd Wache (lacht), so:

(Geräusch eines Gewehrkolbens, der auf den Boden schlägt)

mit meinem Gewehr
(Tiefer Atemzug, Ausatmen, Stöhnen)
eine wirksame Meditation!

VDW: Was hat er in der Mandschurei bewacht? Ein Gefangenenlager? Eine Giftgasfabrik? Ein Laboratorium für biochemische Waffen? Und worüber hat er meditiert? Über Buddhas Mitgefühl?

ZEN-MEISTER: Buddha ist nicht dein Onkel. Buddha ist nicht ein netter Mann. Buddha lebt in der Leere. In der Leere gibt es keine Moral. Buddha ist frei. (Lacht) Du bist Buddha. Jansan ist freier Mann-Buddha. Was willst du von mir?

VDW: Vielleicht wollte ich, daß er mich in diese weite Leere stößt.

KINDERMÄDCHEN: Hoppe, hoppe, Reiter
Wenn er fällt, dann schreit er . . .

ZEN-MEISTER: Warum weinst du? (Fröhlich) Ja. Laß los. Gut. Laß dich fallen. Gut. Du kannst nicht tief genug fallen. (Flüstert) Wenn du nur ein *klein* wenig negativer sein könntest.

VDW: Das war komisch. Mein Vater verlangte immer von mir, ich sollte ein *klein* wenig positiver sein. In Wirklichkeit wollte ich weder das eine noch das andere sein. Unbeteiligt.

ZEN-MEISTER: (warmherzig) Unbeteiligt, ja. Aber unbeteiligt
ist noch nicht frei genug. Unbeteiligt, das ist immer noch
etwas. (Flüsternd) Stoße dich selbst über den Rand, Jan-san.
(Mit normaler Stimme) Während du im Zendo still sitzt und
meditierst, Jan-san.

(Der Meister klingelt mit seiner kleinen Handglocke zum Zei-
chen, daß die Sitzung zu Ende ist. Mönche singen immer noch
in der Ferne die Herz-Sutra: SHIN-NGYO-KAN-JI-ZAI-
BO-SA-GYO-JIN ... Überblendung zu Schuberts Geigen ...
die allmählich verklingen, während sich van Gulik mit niko-
tinzerfressenem Rachen räuspert, leise hustet)

VAN GULIK: Dein Zen-Meister hat dir gerade ein *koan* aufgegeben. Aber dir wird es leichtgemacht. In meinem Kriegsro-
man – Zweiter Weltkrieg, die Japaner in Java – hat auch
mein Meneer Hendriks ein *koan*. Er hat es von seinem Folterer geerbt, vom Feind, dem Hauptmann Uyeda, der es von
seinem Zen-Meister bekam.

KEMPETAI-ZEN-MEISTER: (laute Stimme aus dem Bauch, wie
ein Samurai-Führer in einem Kurosawa-Film) Du da,
Uyeda-Schüler-san, du wirst etwas für mich tun.

UYEDA: (gehorsam) Hai (heißt «Ja»)!

KEMPETAI-ZEN-MEISTER: (Kurosawa-Stimme) Bring den ewigen Schnee auf dem Fuji-San zum Schmelzen!

(Schweigen)

UYEDA: Aber der Schnee auf dem Fuji-San ist ewig, *sensei*
(«Lehrer»).

KEMPETAI-ZEN-MEISTER: Bring den ewigen Schnee zum
Schmelzen!

(Der Meister klingelt mit seiner Handglocke)

VAN GULIK: Denn die *kempetai*, die sadistische japanische Geheime Militärpolizei, war wohltrainiert. Sie lernten, Gefan-

gene zu verhören, zu foltern, aber auch voller Hoffnung, frei zu sein von Illusion, klar zu sehen. Die Offiziersschüler der *kempetai* mußten «Zen machen», und zwar die harte Schule.

KEMPETAI-ZEN-MEISTER: (mächtige Stimme) Zen shiro!

VAN GULIK: Übe Zen!

(Geräusch des Zen-Stocks auf dem Rücken eines Kempetai-Schülers: ZACK! – Stöhnen – ZACK! – Stöhnen – ZACK! – hier wird richtig geprügelt – ZACK!)

KEMPETAI-ZEN-MEISTER: Sei nichts, bei der aufgehenden Sonne Nippons, werde nichts, sei das Nichts!

VAN GULIK: Der ruhmreiche Weg ... Aber es stellte sich heraus, daß der Weg von Hauptmann Uyeda der Weg des Wurms war.

FRAUENSTIMME: Zwei Wege führen zum Tor des ewigen Lebens:
Entweder man bohrt wie ein Wurm seinen Kopf in den Schlamm,
oder man steigt wie ein Drache zum Himmel empor.

(Die Begräbnismusik spielt wieder, jetzt ist es Mozarts Requiem, der erste Teil des Introitus. Ehe die Sänger einsetzen, dringt van Guliks Stimme durch die Reihe doppelter Kontrabässe)

VAN GULIK: Sei lieber ein Drache!

VDW: Die nackten Mädchen tanzen nun nicht mehr um den Sarg meines toten Lehrers. Ich sehe Meneer Hendriks und den japanischen Hauptmann. Meneer Hendriks ist ein großer Mann in einem abgetragenen nassen Regenmantel! Er sieht müde aus und als hätte er Schmerzen. Hauptmann Uyeda sieht schick aus in seiner Uniform, martialisch mit seinem hochgebürsteten Schnurrbart und dem langen Samuraischwert an seiner Seite.

VAN GULIK: Meneer Hendriks ist der Drache, Hauptmann Uyeda ist der Wurm. (Er lacht) Überrascht dich das? Der Letzte wird der Erste sein? Schmeckt nach Christentum, nicht wahr?

VDW: Ja ja, ich weiß. In allen Religionen gibt es Weisheit. Ich habe in der Klosterbibliothek über Meneer Hendriks' Martyrium gelesen. Er war Reserveoffizier in der holländischen Ostindienarmee. Die einmarschierenden Japaner vergewaltigen und töten Frau und Tochter. Meneer Hendriks wird gefangengenommen. Die *kempetai*, die japanische Militärpolizei glaubt, daß Meneer Hendriks wichtige militärische Geheimnisse besitzt . . .

UYEDA: (kalt) Glaubst du, du bist der ewige Schnee auf dem Fuji-San? Glaubst du, ich könnte dich nicht zum Schmelzen bringen? Möchtest du wieder die Peitsche spüren, Hendriks-san? (Zischen der Peitsche, ein Schrei) Nun?

HENDRIKS: (schwach) Du kannst mich zu Tode peitschen. Ich habe nichts mehr zu verlieren.

UYEDA: (freundlich) Das ist ein guter Standpunkt. (Nachdenklich) Nichts mehr zu verlieren, wie?

HENDRIKS: (schwach) Nun ja, mein Leben. Aber ich mache mir nichts aus meinem Leben.

UYEDA: (freundlich) Weißt du, philosophisch gesprochen, meine ich, daß das das wahre Geheimnis ist. Gleichmut. Vielleicht wollte mein Zen-Meister mich dahin bringen?

HENDRIKS: Verdammt, ich besitze keine Geheimnisse. Ich hatte nie welche. Wie oft muß ich Ihnen das noch sagen.

(Peitsche, Schrei)

KEMPETAI-SOLDAT: Benimm dich höflich gegenüber Hauptmann-san, du Hund.

UYEDA: Nein, das ist in Ordnung, Soldat-san. Vielleicht sollten wir jetzt aufhören, dem Gefangenen weh zu tun. Leg die Peitsche weg.

KEMPETAI-SOLDAT: Hai!

HENDRIKS: Sie wissen doch, daß Sie den Krieg verloren haben, Hauptmann-san. Nur noch eine Frage der Zeit.

UYEDA: (kalt) Du meinst, sie werden mich hängen?

HENDRIKS: Gemessen an westlichen Moralvorstellungen haben Sie viele Kriegsverbrechen begangen.

UYEDA: (kalt) Du meinst, sie werden mich hängen?

HENDRIKS: Ja.

KEMPETAI-SOLDAT: (nervös) Halt's Maul! Gefangener Hund!

UYEDA: (freundlich) Ich hatte mal einen Hund, Hendriks-san. Es war ein lieber Hund. Wir liebten einander. Liebe ist Schmerz. Liebe kettet dich an das Leben und an das Leiden. Ich dachte, daß meine Liebe für Hund-chan mich davon abhält, den Schnee auf dem Fuji-San zum Schmelzen zu bringen. (Nachdenklich) ... Jaa, jaaa ... Da kraulte ich den Hund mit meinem Bajonett zwischen den Ohren. Und dann schnitt ich ihm die Kehle durch.

(Schweigen)

HENDRIKS: (sanft) Und das ist Zen?

UYEDA: Dachte ich.

HENDRIKS: Sie sollten mir auch die Kehle durchschneiden. Wenn die Engländer kommen und mich befreien, dann habe ich nichts mehr, wohin ich zurückkehren könnte. Sie haben meine Familie umgebracht und meinen Geist und Körper zerstört. Was soll ich mit meiner Freiheit?

UYEDA: Daß ich den Hund getötet habe, hat den ewigen Schnee des Fuji-San nicht zum Schmelzen gebracht. Wenn ich dir die Kehle durchschneide, wird er auch nicht schmelzen, Hendriks-san. Ich habe mein *koan* nicht gelöst. Ich habe versagt.

(Leise wird ein Becken angeschlagen)

VAN GULIK: Die Engländer verurteilten Hauptmann Uyeda. (Hustet) Meneer Hendriks kam, um sich von seinem Folterer zu verabschieden, um ihm Glück für sein nächstes Leben zu wünschen. Er sagte, daß er keinen Groll gegen ihn hege. Uyeda dankte Hendriks, und dann vermachte er ihm sein *koan*, kurz bevor sich die Schlinge um den Hals des *kempetai*-Hauptmanns legte.

VDW: Ich sehe, wie Uyeda und Hendriks nahe beieinander am Sarg stehen. Sie scheinen glücklich zusammen. Sollten sie auch. Van Guliks Buch hat ein Happy-End.

VAN GULIK: Indem sie das *koan* teilten, wurden Folterer und Gefolterter eins. Und dann löst Hendriks das *koan* und befreit sie beide. Und damit jedermann. Auch dich. (Hustet) Und mich.

(Musik auf der Ch'in-Laute)

FRAUENSTIMME: Geboren werden bedeutet Leiden und Schmerzen
Leben bedeutet Leiden und Schmerzen
Sterben und nie mehr wiedergeboren werden
Ist die einzige Erlösung aus Leiden und Schmerzen.

(Schubert: «Der Tod und das Mädchen», eine Passage, in der die Doppelbässe dominieren, aber dann hellt sich die Musik auf – orientalische Harmonik leitet über zum Tanz)

VDW: In van Guliks Augen war ein Schimmer, als zwei der chinesischen Kurtisanen tanzten,

(Geräusch nackter Füße, die rhythmisch auf Holzdielen schleifen)

jung und nackt. Das war wirklich peinlich, ich mußte wegsehen. Ich bin nicht prüde, ganz im Gegenteil. Aber was haben diese hübschen Unterhaltungsdamen beim Leichenbegängnis eines Botschafters im Krematorium zu suchen?

van gulik: (amüsiert) Nun ja, es war wirklich nicht meine Idee. Aber als ich mit dem Manuskript meines ersten Richter-Di-Romanes hausieren ging, traf ich diesen Tokyoter Verleger, Tamaki-san hieß er, glaube ich ... Ach da ist er ja. Wie aufmerksam, bei meiner Beerdigung vorbeizuschauen ...

tamaki-san: Nackte Frauen sind nicht nur aufregend, sondern auch geheimnisvoll. Sie passen gut zu Kriminalromanen. Sie könnten sie selbst zeichnen, Euer Exzellenz, im chinesischen Ming-Stil, den Sie so meisterhaft beherrschen. Die Zeichnungen werden beim Verkauf Ihrer Bücher hilfreich sein. (Lacht höflich) Ich meine, sie werden helfen, Ihr gelehrtes Wissen zu verbreiten.

van gulik: Nackte Frauen (hustet), ja, Sie haben recht, Tamaki-sama. Eine ausgezeichnete Idee. *Arigato gozaimashta!* Ich werde Sie mit ein paar interessanten Skizzen versorgen. Ich habe viel Zeit damit verbracht, die weibliche Nacktheit zu studieren. Ich bin ein großer Bewunderer des weiblichen Prinzips, Tamaki-sensei. Betrachten, Studieren, Meditieren über weibliche Nacktheit bringt mich näher zu der Göttin, die alle Antworten besitzt, auf die alle Männer warten ...

tamaki-san: Kwannon-san? Die Göttin des Mitgefühls?

van gulik: Ja, so nennt sie sich manchmal. Aber die attraktive Göttin kann auch grausam sein.

tamaki-san: Wenn sie uns warten läßt, wenn wir ihre göttliche Gegenwart spüren, sie sich aber nicht zeigen will. Ja, wie grausam. Wenn sie uns ermutigt hat und dann am verabredeten Treffpunkt nicht auftaucht, um unser Verlangen zu erfüllen ... *Hama no matsukaze.*

van gulik: Der kühle Abendwind nach einem heißen Sommertag. – Wie heißt es in dem Gedicht?

frauenstimme: *Hama no matsukaze*
Wird sie kommen? Wird sie kommen?

So dachte ich, als ich den Strand entlangging –
Aber da war nichts als der flüsternde Wind
In den Pinien.

(Die Ch'in-Laute spielt dazu)

VDW: Das erotische Element der spirituellen Suche. Van Guliks nackte Damen. Tamaki-sans Göttin Kwannon, die in
den Pinien flüstert. Im Daitoku-ji-Kloster verlangten die
Mönche, daß ich einige Tage allein in meinem Zimmer verbringen sollte. Meditierend. Von Zeit zu Zeit kamen sie mit
dem *keisaku* und kontrollierten ...

(ZACK! ZACK! ZACK! ZACK!)

VDW: Mit meiner Karriere ging es aufwärts: ich wurde öfter
geschlagen, und auch härter. Vier Tage lang hatte ich meine
Beine in dem kleinen Raum verknotet. Danach durfte ich
den Meister sehen.

ZEN-MEISTER: Hast du dich konzentriert? Ist dein Geist ruhig
geworden?

VDW: Was dachten die sich denn, diese Heiligmänner!

ZEN-MEISTER: Also, woran hast du gedacht, während du dich
nicht konzentrieren konntest ...?

VDW: Vier Tage Folter und schlechtes Essen. Ich hatte genug
von dieser geduldigen Höflichkeit. Damals kannte ich schon
ein paar schweinische Wörter auf japanisch. Ficken. Daran
hatte ich gedacht. Angeregt von van Guliks erotischen Erzählungen und verursacht von den Phantasien seines Verle-
gers über die wunderschöne Göttin Kwannon hatte ich an
nichts anderes als an Ficken und an Fotzen gedacht. Das
sagte ich meinem Daitoku-ji-Meister. FOTZEN!

ZEN-MEISTER: (mitfühlend, interessiert) Oh, ja, ein faszinie-
rendes Thema, ja ja ... Fotze, das Tor, das feuchte Tor, das
feuchte Nichts, das leere Nichts – wir dringen ein, verlassen
es.

(Träumerisch, während er die kleine Handglocke läutet)
Eintreten ... verlassen. Rein ... raus.

VDW: Ein Gespräch über das Ewig-Weibliche mit einem kleinen alten Zen-Meister in einem buddhistischen Tempel der
T'ang-Zeit in Japan. Die großartige T'ang-Architektur
wurde in China ausgelöscht von den Roten Garden, den zer-
störerischen Dämonen der Kulturrevolution, die den größten Teil der antiken chinesischen Kunstschätze zerschlagen
haben. Aber in Japan wurde diese Architektur kopiert und
bewahrt. Japan bewahrte die Schönheit der T'ang-Zeit.

*(Schritte in einem langen Stein-Korridor, eine ächzende Tür,
Schritte auf Holzboden)*

Da war ich nun also, in diesem alten Tempel, und versuchte
das «große Nichts» zu begreifen – aber ich habe überhaupt
nichts vom Nichts begriffen. Jedesmal, wenn ich mich der
Vorstellung eines Nichts zu nähern versuchte, fand ich es zu
leer, um es mir überhaupt vorzustellen. Der Meister des
Daitoku-ji war anderer Meinung.

ZEN-MEISTER: Das Nichts ist nicht leer. Das Nicht-Sein ist ein
ziemlich belebter Ort. Dort leben alle Buddhas.

VDW: Und wie soll man das Nichts finden? Indem man dem
Tao folgt, dem WEG? Aber wenn du ihn WEG nennst, ist
das, was du WEG nennst, nicht der WEG.

*(Perkussion, die Schritte imitiert, eine Bambusflöte begleitet
den Suchenden mit unheimlichen Klängen)*

FRAUENSTIMME: Du kannst nicht sagen, das Tao existiert,
Und du kannst nicht sagen, das Tao existiert nicht.
Aber du kannst es in der Stille finden,
Im *wu-wei*, im Nicht-Handeln.

VDW: Auf diese Weise finde ich etwas: van Guliks östliche
Lehren. Ich finde etwas Wertvolles, indem ich nichts tue,
indem ich ziellos in der Stille der verlassenen Bibliothek
eines Klosters herumstreife, das das Lesen verachtet. Dort

finde ich Meneer Hendriks, der das *koan* des Hauptmanns Uyeda löst, indem er alles aufgibt. Meneer Hendriks erreicht schließlich das Nichts, in seinem elenden kleinen Zimmer in einer stinkenden Absteige: als er heißes Wasser in seinen verbeulten Teetopf gießt. Durch diese einfache Handlung vermag er den ewigen Schnee des Fuji-San zum Schmelzen zu bringen.

Ich finde auch Richter Di in der Bibliothek des Daitoku-ji, in einem anderen Buch von van Gulik, dem *«Dee Goong An»* – was soviel heißt wie «Di's berühmte Fälle». *An* heißt Fall. Dasselbe *an* wie in *ko-an. Ko-an* bedeutet «öffentlicher Fall». *Koans* stehen jedem offen. Es gibt nichts Geheimes an diesen Rätseln, die einen zum Wahnsinn treiben. Sogar die Antworten sind bekannt. Man kann sie in Textbüchern nachlesen.

(«Requiem» – nur kurz – dann chinesische höfische Musik – dann wieder Mozart)

VDW: Rudyard Kipling hat geschrieben: «Ost ist Ost und West ist West – und nie werden beide sich begegnen.» Woran dachte Rudyard dabei? Vielleicht meinte er, daß die zwei Seiten einer Medaille einander nie sehen können.

Wenn ich Richter Di und van Gulik auf der Bühne des Krematoriums zusammen sehe, dann ist es manchmal schwer, sie auseinanderzuhalten. Ich sehe zwei große Männer, beide überlebensgroß: Di in seiner Amtsrobe, van Gulik in seinem dreiteiligen Anzug, Di mit wallendem Bart, van Gulik mit seiner kleinen runden Brille. Es scheint, als ob ihre Konturen verschmelzen, sich wieder trennen. Der eine trägt nun die Züge des andern, der andere die des einen.

VAN GULIK: (leicht angetrunken) Richter Di – das bin ICH!

VDW: Aus ihren Bewegungen und Gesten wird deutlich, daß beide Männer hochrangige Beamte sind, die sich ehrlich bemühen, dem Allgemeinwohl zu dienen.

Japan hat die chinesische Architektur der T'ang-Dynastie bewahrt. Van Gulik hat in seinen Schriften die Weisheit und den Sinn fürs Praktische der T'ang-Zeit bewahrt. Richter Di, eine historische Figur, die wirklich gelebt hat, begann seine Laufbahn als Friedensrichter und beendete sie bei seinem Tod im Alter von 70 Jahren, als allmächtiger Staatsminister unter der Kaiserin Wu. Zu Lebzeiten Dis gab es ziemlich viel Buddhismus von der üblen Sorte.

(Ein großer Gong erklingt, Ketten werden über einen Steinboden geschleift)

RICHTER DI: (Baß-Stimme mit fernöstlichem Akzent) Die Gerichtssitzung ist eröffnet. Nehmt euch in acht, ihr korrupten buddhistischen Mönche! Eure Habsucht, eure Hurerei, euer weltliches Machtstreben unter dem Mantel der Heiligkeit, eure betrügerischen Versuche, sogenannte Erleuchtung gegen Gefälligkeiten und Güter zu verkaufen, wird nun nicht mehr geduldet.

VDW: Jede Methode hat ihre Schattenseiten. Einige der buddhistischen Schattenseiten habe ich in Japan gesehen. Da gab es die organisierte buddhistische Kirche, oft schlecht verwaltet und ausgebeutet von selbstsüchtigen Priestern, die sich Nebenverdienste beschafften durch ihre hohe Stellung. Da gab es importierte Luxusautos, exotische Geliebte, Urlaub im Ausland, bezahlt durch exorbitante Gebühren fürs Sutren-Singen in den Häusern der Gläubigen, bezahlte Segnungen, Totenfeiern, Versprechen eines langen Lebens, göttlicher Einsichten oder ewiger Freuden im Jenseits ...

(Wieder erklingt der Gong, ein Hammer schlägt auf den Tisch)

RICHTER DI: Alle diese Verbrechen werden festgehalten. Verdächtige werden verhaftet und angeklagt. Sie werden vor diesem Richtertisch knien und ihrem Richter ins Auge sehen, der den allmächtigen kaiserlichen Gerichtshof vertritt.

Angeklagte Kriminelle können der Folter unterworfen werden ...

(Diese Statements werden von Trommelschlägen unterstrichen. Aber nun hören wir wieder die Ch'in-Laute, indem der Richter den Tonfall ändert)

Das Ziel der Religion ist die Befreiung von Unwissenheit, die Erleichterung des Leidens, ein Leben in Harmonie mit dem Universum ...

VDW: Als Zen-Schüler soll ich eigentlich nicht lesen, aber ich schleiche mich weiterhin in die Klosterbibliothek, um Dis Abenteuer weiter zu verfolgen. Di ist jetzt auch in Kontakt mit höheren Geistern, die sich als Eremiten und Landstreicher verkleiden. Sie sind wahre Zen-Adepten, die Regeln und Ordnungen übertreten, die ständig ihre Suche erneuern, oft weit entfernt von den Grenzen der Tradition. Männer wie der leichenblasse Meister Kürbis.

(Die Klänge von Schuberts «Der Tod und das Mädchen» bringen uns zur Beerdigung zurück)

VDW: Das Gedränge wird immer dichter um van Guliks Sarg. Das bloße Aussprechen der Namen scheint genug, um immer neue Geschöpfe van Guliks herbeizurufen. Meister Kürbis kommt auf seinem Esel geritten. Kürbis ist alt, aber, wie Richter Di, ein großer, breitschultriger ehemaliger Athlet. Der Eremit, der sogar einmal Armeegeneral war, trägt jetzt einen langen Bart. Wie er sich so vor van Guliks Sarg verbeugt und auch vor dem Autor selbst, fällt mir die Geschichte ein, wie Di eines nebligen Tags auf seinem wundervollen Pferd durch den Wald reitet und den Weisen trifft. Er glaubt, in einen Spiegel zu sehen, denn im Nebel sieht der Esel des Meisters wie das Pferd des Richters aus. Und die Kürbisse des Meisters, die er auf beiden Seiten seines Esels festgeschnallt hat, ähneln den ledernen Satteltaschen des Richters. Di, der nach einem langen Tagesritt halluziniert, ist überzeugt, daß er sich selbst begegnet. Eine tiefe Erfahrung. Die Spiegelung stellt sich als die Essenz von Meister Kürbis' Lehrmethode heraus. Der Richter und der Zen-Meister reiten zusammen weiter und werden von Räubern attackiert. Di muß, um am Leben zu bleiben, seine ganze Kunst des Schwertfechtens aufbieten – aber Meister Kürbis spiegelt ganz einfach seine Gegner. Immer wenn ein Bösewicht mit einer Waffe auf ihn zielt, spiegelt ihn der alte Eremit – und pariert mit seinem Spazierstock den Angriff perfekt. Der Gegner, angesichts der Unmöglichkeit, sein eigenes Spiegelbild zu erschlagen, flieht schließlich erschöpft. Später, am Lagerfeuer, als er ein einfaches Mahl mit dem Meister teilt, fragt Richter Di neugierig:

RICHTER DI: Wie hast du das gemacht, heiliger Eremit?

KÜRBIS: (dünne, zitternde Stimme) Werde leer und werde dein Gegner (lacht). Aber du bist zu voll vom Richter-Di-Wesen. Du bist ein wichtiger Beamter – deshalb mußt du um dein Überleben kämpfen, mein Lieber ...

VDW: Listige Männer, die sich *unsui*, «Wolken» nennen, und die ihre Gestalt verändern können, erscheinen und verschwinden fortwährend.

RICHTER DI: Bist du ein Mitglied der buddhistischen Kirche, heiliger Eremit?

KÜRBIS: Ist eine Wolke ein Mitglied des Himmels?

VDW: Aber Richter Di ist ein pflichtbewußter Beamter – methodisch und geduldig ...

RICHTER DI: Deine Kampfmethode hat mich beeindruckt. Ich möchte sie erlernen. Folgst du der buddhistischen Zen-Methode, Verehrungswürdiger Priester?

KÜRBIS: Zen ist nur der Finger, der auf den Mond zeigt, nicht der Mond.

RICHTER DI: (verwirrt) Aber Zen ... Buddha ...

KÜRBIS: Beamter, kennst du das Zen-Sprichwort: «Buddha ist Hundescheiße»?

RICHTER DI: Aber ... aber ...

KÜRBIS: Sich an dem ganzen Buddha-Zeug festzuhalten ist Zeitverschwendung. Buddha ist eine Statue aus Hundescheiße. Willst du die Hand einer dreckigen Statue halten? Laß los, Beamter, laß los. Mache dich leer. Du hast nichts zu verlieren. Sag mal ehrlich, kannst du mir irgend etwas von Ewigkeitswert nennen an dem, was du für deinen kostbaren Körper oder deine Seele hältst? Du bist nur scheinbar eine Person. (Kichert) Dein Ego hat nie existiert. Sieh der Wahrheit ins Auge, Beamter. Akzeptiere deine wahre Natur. Studiere die Herz-Sutra ...

(singt) HAN-NYA-HA-RA- ...

MI-TA-JI-SHO-KEN-GO-ON-KAI-KU-DO- ...

(Während die Mönche singen, hören wir das Geklapper der Eselshufe)

VDW: Meister Kürbis hat sich verneigt und reitet weg. Eine andere Zen-Gestalt nimmt seinen Platz ein. Ich freue mich, den gotteslästerlichen Sakristan Lu zu erkennen, einen fetten Kerl, der heilige Symbole mit einem Besen auf Bettücher malt. Richter Di hat gehört, daß Lu ein Zauberer der Mathematik ist. In einem von van Guliks «Krimis» nähert sich Richter Di respektvoll dem ungehobelten Abt und bittet ihn um Amtshilfe bei einem Mordfall, an dem er arbeitet. Lu rülpst laut, ohne sich zu entschuldigen.

LU: Erwarten Sie keine Hilfe von mir, Richter. Ich halte die menschliche Rechtsprechung für nutzloses Stückwerk, und ich werde keinen Finger krümmen, um einen Mörder zu fangen! Mörder fangen sich selbst. Laufen in Kreisen herum, die noch enger sind als die von anderen Leuten. Entkommen nie!

VDW: Eine großartige Szene: ein fetter, unrasierter Buddha, der an die vollgefressenen Statuen in chinesischen Restaurants erinnert, der Richter Di mit seinen Glupschaugen anstarrt, der furzt und sich in seinen Bauchfalten kratzt und der kostenlos Weisheit austeilt, indem er seine riesigen chinesischen Zeichen auf Wände und auf Dächer schmiert. In van Guliks Buch spricht Lu über Leben und Tod. Lu zündet eine Kerze an . . .

(Geräusch eines Streichholzes)

LU: Siehst du das Licht?
RICHTER DI: Ja?

(Lu bläst die Kerze aus)

LU: Wohin ist das Licht verschwunden?
RICHTER DI: Nun . . . (zögert) . . . also . . .
LU: Macht nichts.

(Geräusch eines Streichholzes)

LU: Da hast du wieder dein Licht.
VDW: Daran habe ich mich erinnert, als mein Lehrer einmal die Kerze ausblies und mich fragte, wo das Licht jetzt sei. Ich nahm mein Feuerzeug und brachte das Licht zurück. Eine kleine Demonstration der Praxisnähe im Zen. Warum herumphilosophieren, wenn wir die Macht haben, Licht in der Dunkelheit scheinen zu lassen. Aber mein Feuerzeug-Gag erklärte nicht, warum meine Schulkameraden nach Treblinka gebracht wurden . . .
DEUTSCHE KINDERMÄDCHEN: (singen) Hoppe, hoppe, Reiter . . .
VDW: Wenn er fällt, ist er frei? Durch Loslassen überwinde ich die Dualität von Gut und Böse?
Der Lehrer des Klosters, von den Mönchen *ushi no roshi* genannt, «der alte Mann zu Hause», erzählt uns von einem Mann, der an einem Ast hängt. Unten knurrt ein Tiger. Auf dem Ast über ihm knurrt ein zweiter Tiger. Während der Mann seine Lage überdenkt, kommen eine weiße und eine

schwarze Maus und beginnen, an seinem Ast zu nagen. Was tun?

KLEINER JUNGE: (singt) Wenn er fällt, dann schreit er.

VDW: Meneer Hendriks schreit, wenn Hauptmann Uyeda ihn schlägt. Aber dann, lange nachdem Hauptmann Uyeda gehängt wurde und lange nachdem Meneer Hendriks versucht hat, seine Sorgen in zahllosen Gläsern kalten Gins zu ertränken, die er in Amsterdamer Cafés schlürfte, hört Meneer Hendriks auf zu schreien. Nachdem er arabische Terroristen besiegt und eine heroinsüchtige Hure gerettet hat, schlägt er die Belohnung aus, die jeder Held in jedem Krimi verdient hat. Warum? Weil unser Held sich nicht mehr als jemanden sieht, der sein Recht verlangt. Seine lange *sadhana*, seine glühende spirituelle Suche hat schließlich die Vorstellung des Getrenntseins zum Schmelzen gebracht. Das «ewig gefrorene» Ego ist verschwunden und kann nicht mehr einfrieren. Illusionäre gute oder böse Mäuse können nun nichtexistente Rettungsäste durchnagen, solange sie wollen ... indem er zu Nichts geworden ist, kann nichts mehr seiner Leere etwas anhaben.

(Chinesische Musik: lärmende Becken, schrille Geigen, als Introduktion)

VDW: Da stolziert er nun, der grinsende Zen-Prediger Lu, um den Sarg seines Autors, und ich sehe zugleich seine Darbietung in van Guliks Roman ...

LU: Ja, ihr Lieben, ich bin ein Bodhisatva, ein Heiliger, ein *arahat*, ein höherer Mensch, ein Buddha, der nach langer und mühevoller Übung den Gipfel der Erkenntnis erreicht hat. (Rülpst, dann mit normaler Stimme) Junge, Junge, ich sollte mich vielleicht beim eingelegten Kohl ein bißchen zurückhalten ... (Gelächter)
(Wieder mit Bühnenstimme) Nun denn ... ihr aufgeblasenen Kerle, die ihr nicht genug kriegen könnt von eurer inter-

essanten Persönlichkeit, ja, zum Beispiel Sie da, der Herr mit
dem Beamtenhut und der seidenen Robe, der mit langen
Fingern seinen Bart streicht ... Richter Di, wenn ich nicht
irre? Der berühmte Friedensrichter? Was haben Euer Ehren
dazu zu sagen?

STIMMEN: (Gelächter)

RICHTER DI: (gutgelaunt) Der unwürdige Diener unseres großen und glorreichen Volkes unterwirft sich Ihrem Urteil,
Euer Ehrwürden.

LU: (beiseite, beiläufig) Das habe ich gern, der engstirnige
Konfuzianer, der aufgeblasene sogenannte Diener des wan-
kelmütigen Volks, der seine Energie damit verschwendet,
die herrschende Moral anzuwenden, er zeigt tat-säch-lich
ein bißchen Respekt für das wahre Wissen. (Wieder mit
Bühnenstimme) Seht mich an, ihr Huren und sogenannten
Damen, Bettler und Hochstapler (rülpst, dann mit normaler
Stimme) ... ah, das tat gut ... (wieder Bühnenstimme) Ihr
da unten, ihr Angsthasen, die ihr euch Sorgen macht über
Sein und Haben, mehr sein, mehr haben, weniger sein, weniger haben – wann immer ihr mich in meinem Tempel belästigt, geht es um die zwei Großen Probleme: (Pathetisch)
«Ach, allmächtiger Vater Abt, warum bin ich so niedergeschlagen? Macht, daß es mir bessergeht!» Oder: «Oh, weiser Meister, was passiert mit mir, wenn ich sterbe?»

STIMMEN: (Gelächter)

LU: Und um mich freundlich zu stimmen, bringt ihr mir all
diese guten Sachen, die sich mit meiner heiligen Verdau-
ungsstörung nicht vertragen ...

STIMMEN: (Gelächter)

LU: ... und ich fertige euch kurz ab, weil ich doch nie für euch
die richtigen Antworten habe. Nun denn ... ihr lebenden
und leidenden Idioten ... (normale Stimme) ... ist ja dasselbe: Leben, Leiden – was ist da der Unterschied? ... (wieder Bühnenstimme)

Nun denn, bringt mir einen Besen und spannt einen saube-
ren weißen Bogen Papier auf ... gut so ... ein Eimer mit
schwarzer Tusche ... das ist nett ... danke, du Prachtkerl ...
seht, ich tauche den Besen in den Eimer, und ich schreibe für
euch – nein, keine Antwort, o nein ...

*(Schlägt einen großen Gong mit einem Stock – und dämpft
dann ganz plötzlich den Klang ab)*

... sondern eine Frage, ein Symbol – indem ich meinen voll-
endeten ...

(Schlägt wieder den Gong)

jedermann verständlichen Stil benutze ...

(Gong)

meine völlig erleuchtete, losgelöste, von Leere erfüllte Mei-
ster-Kalligraphie! ...

(Gong)

(Lu spricht jetzt normal) ... jetzt geht's los, Leute. Hier ist
die Frage, die all eure Fragen restlos beantwortet ... schön
und klar geschrieben – kein Meister kann die Wahrheit größer schreiben ...

*(Ein zischendes Geräusch wird von einem Signalhorn beglei-
tet, das «einen Kreis bläst»)*

LU: Für die, die nicht lesen können, wird die junge Dame da
drüben so nett sein, mein berühmtes Rätsel vorzulesen – ja
du, meine Hübsche, nur zu.

FRAUENSTIMME: Er hat nur einen Kreis gezeichnet.

LU: Vielen Dank. Genau richtig. Ich habe den Kreis gemalt,
der eure Illusion von euch selbst darstellt. Von jedem von
euch. Der Kreis, der so schön all das schützt, was ihr zu sein
glaubt. – Wie heißen Sie, mein Herr? Sie dort drüben?

Das Koan

STIMME: (nimmt sich wichtig) Mein bescheidener Name ist Herr Wang.

LU: HERR Wang. Du bist gar nicht so bescheiden, weißt du. Du hast einen großen Kreis von Bedeutung um deine Wangheit gelegt. Um dich festzuhalten an dieser Wichtigtuerei. – Und Sie, junge Dame, wie mag wohl IHR bescheidener Name sein?

STIMME: (niedlich) Mein unbedeutender Name ist Fu.

LU: Verzeihung – Du bist auch nicht so unbedeutend. Du arbeitest doch hart daran, eine attraktive junge Dame zu sein, nicht wahr? Wie hübsch du dich kleidest! Du besitzt sicherlich eine Menge Schmuck und Putz und Make-up außer dem, was du für deine natürliche Schönheit hältst. Und du hat einen dicken, fetten Kreis um dein Aussehen samt Zubehör gezogen, damit nichts und niemand dir das wegnehmen kann.

Schön. Das letzte Opfer. Du, Großvater – was für ein Siegel von Bedeutung hast DU auf deinen verehrungswürdigen, weißbärtigen weisen Altmännerschädel gestempelt, na?

ALTER MANN: (Zittrige Stimme) Die Leute kennen diesen kranken, alten Körper als Dzjeng.

LU: Achgottachgottachgott! Also hält dein Kreis all diese Altersleiden zusammen, nicht wahr? Möchtest du, daß ich dich repariere, Großpapa aller Großpapas? Damit du dann immer glücklich bist?

ALTER MANN: O ja, bitte, heiliger Abt!

LU: Wird gemacht, wird gemacht. Und Sie, Herr Wang? Möchten Sie auch glücklich sein?

STIMME: Bitte ja, ehrwürdiger Herr.

LU: Schön schön. Und was ist mit Ihnen, schönes, vornehmes und anmutiges Fräulein Fu? Ein kräftiger Schuß göttlicher Freude für Ihre ewige Existenz?

STIMME: O jaaaaa ... bitte ... Buddha Lu!

LU: Kleinigkeit für mich. Mache ich. Also los. Du, mein

Freund, bring mir den Eimer mit weißer Farbe bitte, und hilf mir, all diesen guten Leuten zu zeigen, wie einfach ihre eingebildeten Wünsche befriedigt und all ihre sogenannten Krankheiten geheilt werden können. –

Ja, gibt mir den Besen.

(Zischendes Geräusch, das Horn erklingt wieder)

LU: Bittesehr, meine Herrschaften. Kein Kreis mehr, keine Persönlichkeit mehr, Schluß mit dem bescheidenen Herrn Wang, der sich mit Reichtum und Ruhm aufblasen muß, Schluß mit dem unbedeutenden Fräuleinchen Fu, die ihren Spiegel mit Schönheit anfüllen muß, Schluß mit dem pathetischen Großpapa Dzjeng, der seinen Sack voll morscher Knochen zusammenhalten muß.

MÖNCHSGESANG: GO-ON-KAI-KU-DO-IS-SAI-KU-YAKU-SHA-RI-SHI-SHIKI-FU-I-KU-FU-I-SHIKI-SHIKI-SOKU-ZE-

(Der Mönchsgesang tritt zurück, und Lu, der eine gute Singstimme hat, singt *die Übersetzung)*

LU: Form ist nichts anderes als Leere
Und Leere ist nichts anderes als Form
Form ist Leere,
Und Leere ist Form.

STIMMEN: (Gemurmel)

LU: Denkt darüber nach, meine Lieben – es ist nicht schwer zu verstehen. Seid entspannt, seid leer. Seid Null – ohne den Kreis. Verstanden? Nein? Kommt noch, kommt noch. Und wenn ihr es verstanden habt, dann wißt ihr nicht nur, was mit euch nach eurem Tode passiert, ihr werdet euch auch VIEL besser fühlen.

(Ein Gibbon murmelt, singt dann)

VDW: Die Bühne leert sich, nur van Gulik und Richter Di bleiben – und über ihnen, von einem Balken hängend mit seinen langen, graziösen Armen, der Gibbon Bubu. Ich kenne Bubu gut, denn dieses intelligente Wesen taucht sowohl in van Guliks Romanen wie auch in seinen wissenschaftlichen Werken auf. Van Gulik pries in den höchsten Tönen diese schönen Affen, die in seinen Gärten und Häusern lebten.

VAN GULIK: (hustet) Ich erlaube meinen Affen, zu gehen, wohin sie wollen. Tiere sind anständige Kerle, sie nutzen eine Situation niemals aus.

VDW: Van Gulik erzählt, daß ein Gibbon ein Primat ist, Bindeglied zwischen dem Tierreich und der menschlichen Sphäre. Gibbons gehen aufrecht, haben keinen Schwanz, benehmen sich immer höflich und greifen im Gegensatz zu uns nur an, wenn sie in die Enge getrieben werden. Van Guliks Zimmergenosse schält eine Frucht und bietet sie rundum an, bevor er sie selbst ißt. Er benutzt eine Toilette und vergißt nicht, hinterher zu spülen. Aber ein Gibbon ist mehr als nur eine höhere Affenart.

VAN GULIK: Der Gibbon war das traditionelle, urchinesische Symbol für den Dichter und den Philosophen und für die geheimnisvolle Verbindung zwischen Mensch und Natur.

VDW: Im fünften Jahrhundert schrieb der Kaiser Shen Yueh ein Gedicht.

FRAUENSTIMME: Die Wu-Berge begegnen sich
Mehrere hundert Meilen weit
Der Fluß Pa windet sich Biegung um Biegung
Der Gesang der Flöte wird lauter, verebbt,
Die Gibbons unterbrechen ihren Gesang
Und beginnen von vorn.

VAN GULIK: Bubu starb an einer Grippe. Als er seinen Tod nahen fühlte, kletterte er auf den Gipfel des höchsten Baumes in unserem Garten und saß da ruhig, die langen Arme um die Knie geschlungen, und beobachtete den Sonnenuntergang.

(Es erklingt ein Duett, eine Ballade, auf zwei siebensaitigen chinesischen Lauten gespielt)

VDW: Wie ich schon sagte: es war ein heißer Tag. Während all die endlosen langweiligen Grabreden gehalten wurden, mußte ich einen Augenblick die Augen geschlossen haben. Als ich sie widerstrebend wieder öffnete, nachdem ich Richter Di und van Gulik und ihrem Lautenspiel zugehört hatte, in einem letzten Duett, ehe sie uns verließen, um dahin zurückzukehren ...

FRAUENSTIMME: ... wo wir alle herkamen:
wo die Flamme der gelöschten Kerze erstarb.
... da war sogar der Sarg verschwunden, und die Bühne war leer. Ich genoß den Anblick der Leere und erinnerte mich an meinen Zen-Meister im Daitoku-ji-Kloster:

ZEN-MEISTER: Die Leere ist ein ziemlich belebter Ort. Dort leben alle Buddhas.

VDW: Allen Gästen wurden Erfrischungen gereicht. Ich sah, wie kochendes Wasser in Teekessel gegossen wurde, und ich spürte die Einsamkeit des Schülers, der sich von seinem irdischen Lehrer verabschiedet hat. Aber der mächtige Dampf des kochenden Wassers half, den ewigen Schnee des Fuji-San zum Schmelzen zu bringen, so wie er es auch für Meneer Hendriks tat, der, wie ich, allein war, ehe er sein *koan* löste und damit sein Ego zum Schmelzen brachte.

ZEN-MÖNCHE: (singen) GYA-TEI-GYA-TEIHARA-SO-GYA-TEI-BO-JI-SOWA-KA-HAN-NYA-SHIN-GYOO-OOOOOOO ...

MÖNCHE: Als der Bodhisatva sein Verstehen vertiefte und sah, daß alle fünf Schichten der Existenz leer sind,
jubelte er vor Freude
und erhob sich augenblicklich über allen Schmerz.

Meneer Hendriks, die Leere ist genauso gut wie irgendeine Gestalt, Gestalt annehmen war nie etwas anderes als das

Nicht-Sein, und das gleiche gilt für das Fühlen, Sehen, Wollen, Da-Sein.

Meneer Hendriks, diese Nicht-Regel entstand weder, noch
verging sie,
sie ist weder unrein noch rein,
bringt nichts und nimmt nichts

keine Gestalt innerhalb der grenzenlosen Leere,
kein Gefühl, kein Sehen, kein Wille, kein Da-Sein,
kein Auge, Ohr, Nase, Zunge, Körper,
kein Geist,
kein Sehen, kein Hören, kein Riechen, kein Schmecken, kein
Tasten,
kein Ding, nichts,
es gibt kein Reich des Auges,
bis hin zum Nicht-Reich der Erkenntnis

es gibt keine Unwissenheit
und kein Ende der Unwissenheit,
kein Alter und Tod und kein Ende von Alter und Tod,
keinen Schmerz, keine Ursache des Schmerzes,
kein Ende des Schmerzes
und keinen Weg

es gibt keine Weisheit oder irgendeine Erfüllung,
da es nichts zu erfüllen gibt,
heilige Männer, die an nichts mehr hängen,
haben keine Hemmungen mehr in ihrem Geist,

Ohne einen Standpunkt
haben sie keine Furcht,
und weit entfernt von Verwirrung und Einbildung
erscheint ein für allemal
Glückseligkeit,

alle früheren, jetzigen und zukünftigen freien Menschen
verließen sich, verlassen sich und werden sich verlassen
auf das Bewußtsein
der Leere.

Wisse deshalb, daß das Nicht-Sein
den großen Gesang der Macht enthält,
den großen Gesang der Weisheit schafft,
den höchsten heiligen Gesang,
das unvergleichliche heilige Summen,
das alle Schmerzen erlöst.

Es ist wirklich und nicht Täuschung.
Deshalb rezitiere den Gesang vom Nichts:
vergangen, vergangen, völlig vergangen,
völlig für immer vergangen

HEY, YEY, SUPRAYEY,
LEERE YEY,
FREI
FÜR IMMER.

ENDE

Quellenverzeichnis

Das Donnerloch
    deutsch von Elfi Hartenstein
    aus *Sonne, Sand und coole Killer*, rororo thriller Bd. 3129

Der neue Schüler
«Schweigen ist eine gute Antwort»
    deutsch von Jürgen Bürger
Die Akte Segelohr
    deutsch von M. Hetzel
    aus *So etwas passiert doch nicht*, rororo thriller Bd. 2915

Schuld und Sühne im zeitlosen Japan
    deutsch von Robert Brack
    aus *Drachen und tote Gesichter*, rororo thriller Bd. 3036

Tempelbesuch in Japan
    deutsch von Erwin Peters
    aus *Die Katze von Brigadier de Gier*, rororo thriller Bd. 2693

Das Koan
    deutsch von Götz Naleppa